성령이 이끄는 경영
(Management by Spirit)

성령이 이끄는 경영(Management by Spirit)

발행일	2019년 4월 24일			
지은이	이종찬			
펴낸이	손형국			
펴낸곳	(주)북랩			
편집인	선일영		편집	오경진, 강대건, 최승헌, 최예은, 김경무
디자인	이현수, 김민하, 한수희, 김윤주, 허지혜		제작	박기성, 황동현, 구성우, 장홍석
마케팅	김회란, 박진관, 조하라			
출판등록	2004. 12. 1(제2012-000051호)			
주소	서울시 금천구 가산디지털 1로 168, 우림라이온스밸리 B동 B113, 114호			
홈페이지	www.book.co.kr			
전화번호	(02)2026-5777		팩스	(02)2026-5747

ISBN   979-11-6299-654-6 03230 (종이책)   979-11-6299-655-3 05230 (전자책)

잘못된 책은 구입한 곳에서 교환해드립니다.
이 책은 저작권법에 따라 보호받는 저작물이므로 무단 전재와 복제를 금합니다.

이 도서의 국립중앙도서관 출판예정도서목록(CIP)은 서지정보유통지원시스템 홈페이지(http://seoji.nl.go.kr)와 국가자료공동목록시스템(http://www.nl.go.kr/kolisnet)에서 이용하실 수 있습니다.
(CIP제어번호: CIP2019014982)

(주)북랩 성공출판의 파트너

북랩 홈페이지와 패밀리 사이트에서 다양한 출판 솔루션을 만나 보세요!

홈페이지 book.co.kr   •   **블로그** blog.naver.com/essaybook   •   **원고모집** book@book.co.kr

한 성공한 사업가의 경영 성공철학

성령이 이끄는 경영
Management by Spirit

이종찬 지음

사업계획이 완벽하지 않아도
사업자금이 넉넉하지 않아도
성공한 사업가가 될 수 있는
기독경영법

북랩 book Lab

머리말

저의 비즈니스(이제 3년 차)를 돌아보면서 세상의 계획과 경영 방식 외에 성령님의 인도하심과 섭리가 우리를 성공하게 하기도 하고, 실패하게도 만든다는 것을 깨닫습니다. 비즈니스 계획이 완벽하지 않아도, 비즈니스 자금이 넉넉하지 않아도 성령님의 인도를 통해서 더욱 창의적이거나 효율적인 방법으로 비즈니스를 할 수 있다는 저의 실험을 통해 한국에 있는 크리스천 창업가들과 저의 이야기를 나누고자 합니다. 성령님께 맡기는 경영을 통해서 창업자의 삶을 활력이 넘치게 하고 다양한 삶의 영역을 만듦으로써 그것이 또 새로운 비즈니스 모델이 될 수 있다는 게 저의 생각입니다.

성령님께 맡긴다고 해서 모든 것을 대충한다는 의미는 아님을 먼저 밝힙니다. 다만 우리의 몸에 너무 들어가 있는 힘을 빼고, 그분의 인도하심을 느끼고, 우리가 우리의 비즈니스를 통해서 어떻게 하나님의 나라를 이룰 수 있는지에 관해 저의 이야기를 나누고자 합니다.

참고로 이 책은 제가 전에 『게으름의 경영학』이란 책을 출간했는데, 하나님의 이야기를 안 쓰니 뭔가 2% 부족한 느낌을 받게 되어 크리스천을 위한 경영서적 및 저의 간증집으로 각색해서 내놓는 책입니다.

목차

머리말_4

…

비즈니스는 하나님의 섭리다_9

하나님을 만나기 전의 나의 어린 시절_18

미국 이민 생활 중에 만난 하나님_20

나의 이민 생활_27

돈 한 푼 없이 창업하다_36

이제는 본격적으로 해 보자_42

웹사이트는 하루 만에_46

블로그는 시작이 반이다_48

너는 누구니? — 나만의 무기 하나 가지고 있기_50

노력의 시대는 갔다. 놀이하라_53

성령님에게 의지하는 경영이 효율을 만든다_60

아웃소싱과 최소한의 경비_65

미니멀 라이프를 미니멀 경영으로 만들다_68

검증(Verification)된 것만 믿어라_73

디지털 노마드의 삶_76

아이들과 시간을 보내면서 일하기_83

강아지와 시간을 보내면서 일하기_87

사람은 고독을 경험해 봐야 성숙해진다_90

비즈니스의 목적_94

사회적·환경적·영적 책임_98

한국의 갑질 문화_104

창의성은 안식에서 나온다_107

게으름의 집중력_111

까짓것! 그냥 하면 되지! ─ 두려움을 줄이는 법_116

살아남는 자가 강한 것이다_119

작게 시작해 보기_122

미국과 전 세계에 진출하기_125

가족들과 여행 다니면서 일하고 선교하기_127

오늘 일은 오늘만 걱정하기_131

협업의 시대_134

편집의 시대_137

은퇴 이후의 삶을 미리 살기_140

한쪽에서는 일이 없어 굶어 죽고
다른 한쪽에서는 과로사하고_143

한국의 공시생들과 고시족들을 보며_146

기술의 발전과 잉여 인간_149

잘 노는 사람이 일도 잘한다_154

삶의 근본 먼저 찾기_157

"부자 되세요."의 함정_160

하루 5분의 힘_164

일하다 보면 꼬이는 일도 생기잖아_166

알아서 굴러들어온 호박 넝쿨_171

꼬박꼬박 월 자문 서비스_176

교육 사업이 좋아_178

출판 사업_182

미국 이민은 어때요?_185

미국에 이민 오시는 분들을 위한 조언_192

앞으로 어떻게 살까_199

…

에필로그 1_203

에필로그 2_206

비즈니스는 하나님의 섭리다

> "사람이 마음으로 자기의 길을 계획할지라도 그의 걸음을 인도하시는 이는 여호와시니라(잠언 16:9)"

흔히 "비즈니스는 운이다."라고 말하곤 하지만, 크리스천인 나의 관점에서는 그냥 우연의 결과인 '운'이라기보다는 하나님의 섭리의 영역인 것 같다. 현재 나는 미국에서 컨설팅 비즈니스를 운영하고 있다. 2년 차에 접어든다. 나는 한국에서는 화학 공학을 전공하고 직장 생활을 하다가 2005년경에 미국에 이민한 후, 미국에서 직장을 다니면서 경영학 석사 과정을 졸업하고 박사를 수료(코스워크 수업을 수료하고 논문을 쓰다가 중단했다)했다. 경영학 이론에 대해서는 나름대로 회계, 재무, 마케팅, 인사 관리, 리더십 등의 이론을 배웠고, 20년 가까운 사회생활로

풍부하게 갖춰진 이론과 경험을 바탕으로 나름대로 준비된 사람이라고 자부했다. 그러나 실제로 비즈니스의 시작과 운영에 있어서 내가 배운 이론보다는 하나님의 섭리와 그때그때 주시는 지혜와 통찰력의 영향이 크다는 것을 알게 되었다. 물론 실력도 기본적으로 있어야 하겠지만, 그 실력에 성공의 불씨를 지피는 것은 성령님의 인도하심이라고 생각한다.

경영학에서 중요한 것은 전략과 기획, 계획이다. 경영학에서는 뚜렷한 목적과 목표를 가지고 구체적인 계획을 세워서 한 걸음씩 단계별로 나가는 것을 가르친다. 이것이 기존에는 통했지만, 특히 4차 산업혁명 —사실 미국이나 해외에서는 '4차 산업혁명'이라는 단어를 잘 쓰지 않는다— 시대에는 불확실성이 너무 많아 수많은 변수를 예측하기가 어려워졌다.

흔히 우리는 경영학의 이론이나 성공담을 신화화하고 그 성공 요인을 찾아서 분석하려고 한다. 그러나 그것들을 찾아서 공식화하고 벤치마킹해도 문맥

(Context)이 틀리고 타이밍 등이 틀리면 전혀 다른 방향으로 작동할 수 있다. 그 때문에 시중에 나온 많은 자기계발서와 성공담들을 다룬 책들은 사실상 어떤 사람에게는 독이 될 수도 있다. 시중에 나와 있는 비즈니스 성공담, 경영 이론들, 여러 성공담의 요소들은 너무 과장되거나 단순화되어서 또 다른 희망 고문이 될 수도 있다. 사실 크리스천들은 그런 기술적인 측면보다는 펀더멘탈(fundamental)이 더 튼튼해야 한다. 그것은 말씀에 기초한 믿음과 성령님이 인도하신다는 믿음이다.

그러나 우리가 하나님의 섭리에 의해 비즈니스가 결정된다고 해서 아무것도 안 하고 멍하니 모든 것을 성령에 맡기자는 것은 아니다. 섭리라는 것도 파헤치고 들어가 보면 신학적인 복잡한 이론들이 있다. 필연이냐, 우연이냐는 것은 쉽게 결정지을 만한 것들이 아니다. 평소에 신학에 관심이 많은 나로서는 이 문제를 해결하기 위해 신학적인 책들을 수없이 읽었어도 도무지 명확하게 깔끔한 답을 얻을 수 없었다. 그만큼 어려운 것이다.

  나는 가끔 낮에 강아지를 데리고 공원으로 산책을 하러 간다. 강아지가 아직 어려서 목줄을 묶고 다니는 터라 같이 산책하기가 쉽지 않다. 강아지는 코를 킁킁거리며 여기저기 냄새를 맡느라 풀들, 나무들에 다 참견하고 10m를 가는 데도 몇 분이 걸린다. 혹시 이상한 것을 먹을까 봐, 차도로 갈까 봐 목줄을 잡아당길 때가 있다. 이럴 때면 하나님이라면 내가 어디로 가기를 원하는 방향이 있지 않을까 생각한다. 기독교에는 '섭리(providence)'라는 것이 있다. 인간에게 자유 의지를 주셨다면 신의 섭리는 무엇인가? 신의 개입이 있다면 왜 인간에게는 자유가 있는가? 어려운 질문이다. 나의 개인적인 생각은 인간은 하나님이 원하시는 방향 안에서, 즉 목줄에 엮인 범위 안에서 자유 의지를 쓴다고 생각한다.

개줄 인생_ 우리 강아지 둘리는 산책을 하면 좀처럼 내 말을 안 듣는다. 자기가 가고 싶어 하는 곳으로만 가기를 원하는데, 우리 또한 가고 싶은 곳이 있더라도 결국 인생이 하나님의 섭리에 의해 끌리듯 가게 된 경험이 있을 것이다.

아무리 우리가 모든 변수를 시나리오화하고 계획을 짜도 그 성공 여부는 미지수이다. 내가 존경하는 이순신 장군은 23전 23승 무패의 전적을 보유하고

성령이 이끄는 경영Management by Spirit

계신 전쟁의 신이다. 그는 지략과 용기, 리더십을 갖춘 최고의 무신(武神)이자 지도자이다. 그런 그도 명량해전에서 12척의 배로 300척의 배를 보유한 일본 수군을 물리쳤을 때 이는 신의 도움이라고 했다. 아무리 똑똑하고 계획을 잘 세워도 수적열세로 불가능해 보였던 승부에서 이기게 된 것은 하나님께서 도와주지 않고서는 불가능하다고 생각했을 것이다. 무신론자여도 이것은 계획이 아니라 운이라고 생각할 것이다.

 기업들의 성공도 마찬가지다. 운이냐 혹은 계획된 성공이냐는 보기 나름이지만 나는 운이라고 생각한다. 대부분의 사람은 사후편향적인 사고를 한다. 즉, 일이 일어나면 항상 그 후에 원인을 분석하며 그 요인을 찾아낸다. 그러나 요인이 맞는지, 안 맞는지는 주관적인 상황이 많다. 또한, 타이밍과 상황까지 고려해 보면 그것을 일반화해서 성공의 공식화를 하기가 어렵다.

 결국, 철두철미하게 계획을 세워도 하나님의 섭리

에 맡기는 수밖에 없다. 나는 장기 계획을 세우지 않는다. 되려 대학 시절이나 젊은 시절의 나는 무엇인가가 되려고 장기적인 플랜을 가졌고, 그 무엇인가가 되기 위해 부단히 노력했다. 그 과정에서 때론 좌절도 맛보고 작은 성공도 맛보았지만, 내 계획대로 된 적은 드물었다. 플랜 A, B, C를 세우면 D라는 결과가 나오기 일쑤였다. 경영학에는 '시나리오 플래닝'이라는 것이 있지만, 도무지 내 인생에는 적용되지 않았다.

그렇다고 계획을 아예 세우지 말란 말인가? 그건 아니다. 사람은 계획을 세우고 목표에 따라 움직이는 것이 좋다. 하지만 모든 계획에는 융통성(Flexibility)이 있어야 한다. 요즘 경영학의 화두는 민첩성(Agility)이다. 나는 이것을 크리스천의 관점에서 '성령이 이끄는 경영(Management by Spirit)'이라고 부르고 싶다. 변화된 상황에 따라 계획을 즉시 수정할 수 있는 능력이 경쟁력이고 생존할 수 있는 것이 경쟁력이다. 나의 계획을 언제든지 내려놓고서 기도하면서 주어진 환경에 적응하고 성령님에게 지혜를 구하는 경영이 바로 그것이다. 특히 이러한 경영은 4차 산업혁명 시대를 사는 지금이야말로 절실하다고 생각한다.

나는 무(無)계획의 계획, 계획의 무계획을 전략으로 추구한다. 나는 적어도 모든 가능성을 열어놓고 비즈니스에 임하며 위험성 회피(Risk-aversion)가 최고의 경영 전략이라는 통념과 맞지 않게 'Risk-open' 형태의 비즈니스를 한다. 그것은 곧 나의 지혜나 계획보다는 성령님에게 의지한다는 고백이다. 다윗의 고백처럼 "어떤 사람은 병거, 어떤 사람은 말을 의지하나 우리는 여호와 우리 하나님의 이름을 자랑하리로다(시편 20:7)"이다. 남들의 이론이나 성공담보다는 이제는 여러분의 하나님과 동행하는 길을 찾아야 한다. 그 길은 여러분에게 독특하게 찾아올 것이다.

길_ 한 번은 샌프란시스코에서 중요한 미팅이 있어서 출장을 가야 했는데 아침에 비행기를 놓쳐서 차로 쉬지 않고 6시간 동안 운전한 적이 있다. 미국의 평야를 지나면 마음이 고요해진다. 여러분의 길은 누가 인도하고 계시는가요?

성령이 이끄는 경영Management by Spirit

하나님을 만나기 전의 나의 어린 시절

나는 불교 집안에서 자랐다. 어릴 때는 어머니를 따라 절에 부처님 오신 날을 기념하여 연등을 들러 간 기억도 난다. 이해도 하지 못할 염불 테이프를 틀어놓고 집 안에 흐르는 배경 음악처럼 아침마다 들었던 기억도 난다. 대학교에 들어가서는 '인생이란 무언인가?'로 고민도 많이 했다. 서양 철학, 동양 철학도 기웃거리고 운동권 선배들을 따라 사회과학서적도 읽곤 했지만, 나 개인에 대한 인생의 목적은 찾기가 쉽지 않았다. 왜 사람들은 이렇게 열심히 사는 것일까. 그 이유를 알고 살까…. 그런 것 같지는 않았다.

그런 고민 후에 군대에 다녀오고 변리사를 준비했

다. 그 당시는 변리사가 돈을 잘 버는 고소득 직종으로 알려지기 시작한 때였다. 그때는 1년에 60명밖에 뽑지 않던 시절이라 무척 어려웠다. 4년을 공부했지만 결국 되지 않았다. 인생의 목적도 모르는 상태에서 변리사라는 인생의 목적을 놓치니 허무하기 이를 데 없었다. 그리고 나이가 차서 조그만 회사에서 사회생활을 시작했다. 만족감도 없었다. 그러다 지금의 아내를 만났다. 아내는 모태 신앙으로 신실한 집안에서 자란 크리스천이었다. 나는 결혼하면 교회에 다닌다고 약속했고, 그렇게 나의 신앙생활은 시작됐다. 지금 생각해 보면 아내의 믿음은 참 대단하다. 불신자를 만나서 어떻게 믿고 결혼했을까. 그것도 하나님의 섭리다.

미국 이민 생활 중에 만난 하나님

결혼 후에 조그마한 회사에서 일하던 중 나는 2005년도에 미국에 이민을 왔다. 직장생활도 그다지 재미없었고 나의 적성도 몰랐으며 구체적인 인생의 비전도 없었다. 새롭게 인생의 후반을 시작한다는 마음으로 미국으로 가기로 했다. 사실은 내가 결정한 것보다는 부모님이 먼저 1997년도에 미국에 이민을 하셨고 이후에 나와 내 동생이 영주권자의 성인 자녀 초청 자격으로 이민 신청을 하게 된 것이 큰 계기였다.

큰 애가 1살 때, 둘째 아이는 임신 중이었을 때의 일이다. 나는 부모님이 다니시던 교회를 다녔고, 나름대로 교회에서 시키는 일을 하면서 어른들에게 칭찬을 받으면서 신앙생활을 시작했다. 그러나 나의 신앙은 자라지 않았다. 마침 부목사로 오신 박 목사님께서 젊은 가정들을 말씀으로 양육을 해 주셔서 말씀에 관심을 가지기 시작했다. 그러다 박 목사님이 다른 교회로 옮기시게 되면서 신앙적으로 멘토링을 해 줄 목사님이 없어졌다.

다시 다른 교회를 찾던 중에 박 목사님의 선배인 이 목사님을 소개받았고 그 개척 교회로 옮겼다. 이 목사님은 깊은 통찰력을 갖고 계신 분으로, 우리 부부를 6개월 동안 말씀으로 양육해 주셨다. 나는 귀납법적인 성경 방법을 통해 말씀의 맛에 빠져버렸다. 그냥 의미 없는 글자들이 하나하나 눈에 들어오고 깊은 묵상을 통해 하나님과 대화하는 것을 느꼈다. 그리고 이를 삶에 조금씩 적용하면서 삶이 바뀌기 시작했다. 예전의 나는 술을 좋아했고 담배도 피웠다. 그러나 미국에 오면서 자연히 술을 끊게 되었고 담배도 끊게 되었다. 물론 금주, 금연이 구원의 조건은 아니지만, 나에게는 중독된 것을 나의 의지만이 아니라 누군가의 힘으로 끊을 수 있다는 사실이 좋았다.

그 이후 우리 부부는 날마다 큐티(Quiet Time)[1]도 하였다. 그러면서 부부 사이도 좋아졌다. 천국이 따로 없었다. 직장에서 힘든 일을 해도 힘이 들지 않았다. 불평할 것들이 없었다. 삶이 감사했고 이것이 바로 예수님이 오셔서 전파하려 했던 천국이라는 생각이 들었다.

아, 이 목사님과 평생 같이 신앙생활을 하고 싶다는 생각을 했다. 그러나 하나님은 내 생각을 깨고 이 목사님과 이별하게 하셨다. 이 목사님께서 한국에 계신 아버님 칠순 잔치에 갔다가 비자 문제로 미국에 돌아오지 못한 것이다. 아, 한창 신앙생활과 말씀의 맛을 보다가 멘토 목사님이 못 들어오시다니… 앞이 깜깜했다. 이 목사님이 미국에 못 들어오셔서

---

1) 조용한 시간과 장소에서 기도와 말씀 묵상으로 하나님과 일대일로 교제하는 시간을 말한다.

사시던 아파트에 짐을 정리해 주러 갈 때는 참으로 울음이 나올 뻔했다. 그러나 지금 생각하면 이 목사님이 우리 부부를 말씀으로 양육해 주신 것만 해도 고맙고 그것이야말로 신의 한 수라 생각한다.

이후에 다시 조그만 교회에서 가정 교회 목자로서 하나님을 섬기게 되었고 2009년에는 우연히 내 MBA 은사님인 민 교수님의 소개로 사랑의 교회에서 열리는 '조슈아 비지니스 스쿨' 세미나에 참석하게 되었다. 평소 교회 안의 울타리 신앙과 삶이 분리되는 이분법적 신앙에 한계와 회의를 느끼던 차에 이 세미나를 들으면서 세상을 맛보았다. 이곳에서 이 분야에 열정이 있는 경영학 교수님들과 선교사님들, 목사님 및 평신도들, 비즈니스 맨들과 직장인들을 만나게 되었다. 그렇게 나는 몇 주 동안의 세미나가 끝나고 'So Cal Bammer'라는 모임을 만들게 되었다.

'So Cal Bammer'는 'Business as Mission(약칭

BAM)'을 목적으로 교육 및 BAM 선교 전략 공유, BAM 정신의 전파 등을 목적으로 하여 몇 년 동안 이어갔으며 나는 거기서 총무 역할을 하게 되었다. 그간 묵상했던 말씀과 내가 대학원에서 공부했던 MBA와 이 BAM 모임은 하나의 구슬을 이어주는 것 같다는 느낌이 들었다.

평소 교회 일이라 하면 교회 안에서 봉사하고 주님의 일을 한다고만 생각했는데 우리 모두가 선교사였으며 'Christianity'가 내 삶의 가치관이자 삶의 자세라는 것을 새삼 깨닫게 되었다. 이 모임은 그간 한국 교회의 개인 구원에만 국한되어 있었던 나의 신앙관을 넓혀 주었다. 평소 대학 다닐 때 사회 문제에 관심이 많았던 나는 복음 안에 '약자 보호'라는 중요한 가치가 있다는 것을 깨달았고 공적 신앙 부분에 관한 연구도 많이 하게 되었다.

BAM에서 만난 황 목사님과도 몇 년 동안 같이 소그룹을 하면서 많이 배웠다. 황 목사님은 IVF 간사로 한국에서 전설적인 존재인 분으로서, 말씀에 관한 깊은 연구와 묵상의 방법을 통해서 나의 관점을 더욱 넓혀 주었다. 그리고 우리 동네로 한국에서 같은 동네에 살던 명일동의 후배가 이사를 오면서 많은 좋은 책들(특히 신학책들)을 접할 수 있게 되었다.

MBA를 마친 후에는 경제 신학 분야가 너무 황무지라는 것을 깨달았다. 그 무렵 BAM 모임은 이제 흔한 유행어가 되었으며 많은 사람이 'BAM 모임' 하면 돈도 벌고 선교도 한다는 쉬운 생각으로 접근하게 되었다. 그들은 과정을 중시하고 어떤 가치관이나 관점이라는 것을 이해하지 못하고 이 모임을 그냥 선교의 테크닉으로 인식하는 사람들이라는 생각이 들었다. 그리고 BAM 모임을 하는 사람들이 경제 시스템에 대해서 고민하는 것을 많이 보지 못했다. BAM 모임은 자본주의라는 시스템은 놔두고 그 자본주의를 십분 이용하여 돈을 벌고 선교를 한다는 전략이라서 나에게는 뭔가 2% 부족하다는 느낌이 들었다.

해방 신학이나 민중 신학이 아니어도 내게는 뭔가

21세기에 걸맞은 크리스천으로서 대안 경제를 연구하고 싶다는 욕망이 솟구쳤다. 결국 신학을 공부할까, 경영학 박사를 공부할까 하다가 경영학 박사를 택하게 되었고 경영학 분야 중에 지속가능성(sustainability)과 기업의 사회적 책임(Corporate Social Responsibility, CSR)을 연구하게 되었다. 사실 논문을 쓰기 위해서 나는 신학 논문에서 경제 관련 부분을 엄청나게 많이 읽었다. 지금도 그 지루했던 논문들이 이 시기의 나에게 피와 살이 되었던 것 같다.

그때 당시는 아직 나의 비즈니스를 시작하진 않았지만, 언젠가 기회가 되면 나의 경영학적 지식과 BAM 및 신학적인 가치를 아울러서 근사한 비즈니스를 하고 싶다는 꿈을 꾸기 시작했다. 그러나 구체적으로 어떻게 무슨 비즈니스를 할지는 전혀 몰랐다.

나의 이민 생활

한국에서 직장 생활을 하다가 미국에 오니 마땅히 좋은 직장을 찾기가 어려웠다. 고민 끝에 한 한국 회사 계열의 식품 공장에 품질관리 매니저로 취직하게 되었다. 기술 관련직이라 몇 년 동안 한국 회사에서 경력을 쌓고 미국 회사로 옮기기라는 각오를 하고 열심히 일했다. 회사는 식품 공장이라 아침 일찍부터 시작하여 2교대로 운영되었다. 어떤 때는 새벽부터 출근하거나 아니면 오후에 출근하며 품질관리 일을 하였다. 쉽지 않았다. 몸도 고달프고 나와 다른 문화를 가진 미국 직원들(주로 히스패닉들)을 다루느라 마음고생도 심했다. 또한, 위아래로 있는 한국 직원들 사이에서 고생도 많이 했다. 그래도 저녁에는 MBA 공부를 시작했다. 그때는 애들도 어리고 직장 근무도 힘들어서 참으로 시간이 어떻게 흐르는 줄도 모르고 지나갔다. 한국에서 변리사 공부를 4년 동안 하고 실패했던 터라 공부에 관한 한 습관이 되어 지치지는 않았다. 다만 준비가 되면 미국 직장으로 가서 한번 아메리칸 드림(American dream)을 이뤄 보리라 생각했다.

그곳에서 내 소신대로 일하면서 한국을 오가는 회장님께 두 번 정도 대들었다가 결국 직장에서 해고되었다. 그래도 나와 호흡이 잘 맞았던 부사장님이 방패가 되어 주셨지만, 결국 내 해고를 막지는 못하셨다. 그렇게 나는 몇 달 치 월급을 받고 퇴직하게 되었다. 미국에서는 퇴직금이라는 개념이 없어서 이건 진짜 그래도 고마운 일이다. 직장에서 잘린다는 것은 공포다. 매달 페이먼트(상환금)가 나가기 때문에 한 달이라도 쉬면 돈이 펑크가 난다. 모기지 페이먼트 내랴, 차 2대 페이먼트 내랴, 보험료 내랴…. 그래도 금방 취직이 될 줄 알았다.

그래도 나와 아내는 그즈음에 말씀을 보고 매일 같이 큐티를 하던 시기라 마음의 평안을 가지고 버텼다. 계속 미국 직장에 이력서를 내었으나 쉽사리 재취업이 되지 않았다. 결국 5개월이라는 시간을 쉬게 되었는데, 그때 당시에는 한 달을 사는 게 정말 고역이었다. '이러다가 홈리스(homeless)가 되겠구나.' 하는 생각이 문득문득 들었다.

말씀을 묵상하고 머리로는 이해했지만, 이젠 믿음을 몸으로 행해야 하는 시기라는 생각이 들었다. 이렇게 답답한 마음으로 하루는 소파에 앉아 있는데 우리 집 뒷마당에 참새 몇 마리가 잔디밭에서 열심히 뭔가 먹이를 찾아서 부리를 쪼는 모습을 보았다. 마침 마태복음에 있는 "공중의 새를 보라 심지도 않고 거두지도 않고 창고에 모아들이지도 아니하되 너희 하늘 아버지께서 기르시나니 너희는 이것들보다 귀하지 아니하냐(마태복음 6:26)"라는 말씀이 떠올랐다. 아…. 저 하찮은 새들도 하나님이 다 먹이시는데 내가 왜 먹고사는 거로 고민하고 염려해야 하나…. 마음이 한결 편해졌다. 그리고 좀 지나서 말씀을 묵상하다가 '히브리서' 구절을 묵상하는데 그 구절이 너무 은혜가 되었다. 그날 큐티를 마치자마자 전에 입사를 지원했던 미국 회사에서 전화가 왔다. 입사 제안을 하고 싶은데 언제부터 일을 시작할 수 있냐는 전화였다. 할렐루야. 하나님의 때가 지금이구나. 드디어 미국 직장에서 일해 보는구나.

우리 부부는 얼싸안고 울었다. 나로서는 5개월 동안 잘 버텨준 아내한테도 고마웠다. 이 사건은 우리 신앙 여정에 있어서 처음으로 우리의 믿음을 테스트한 계기가 되었다. 하나님의 계획이 있었구나. 우리를 절대 버리지 않으시지.

그렇게 옮겨 간 곳은 식품이나 건강식품의 지용성 원재료를 특허 기술들로 가공하여 여러 제품에 쉽게 응용할 수 있게 해 주는 회사였다. 거기서 생산 매니저, 공장장을 거쳐서 생산 부사장까지 승진할 수 있었다. 그러나 벤처 회사라 리스크도 많았고 매니지먼트와 직원들의 이해 관계 속에서 서로 그들을 대변해 주려니 쉽지 않았다. 결국 밑의 직원들 편에 서서 그들에 관한 보상 문제를 대변해 주려다가 사장에게 밉보이게 되었다. 그는 이후로 이런저런 꼬투리를 잡더니 어느 날 나에게 나가라고 했다. 한창 기분이 좋을 때는 평생 같이 가자고 하던 사장이었는데(사실 나와 동갑이었다), 이렇게 사람이 변하는구나. 그래도 많은 경험을 쌓고 회사를 나왔다.

이번에는 6개월 동안 쉬게 되었다. 한 번은 아내가 통장에 얼마 안 남은 돈으로 카레를 만들어서 금요일 목장을 기다리게 되었다. 그러나 목원 한 가정, 힌 가징이 무슨 무슨 핑계로 목장을 오지 못한다고 연락이 왔다. 이런…. 아내가 없는 돈에 마련한 저녁인데…. 결국 아내와 나는 그 많은 카레를 보면서 하나님을 원망했다. 왜 주의 일을 하는데 이런 고통까지 주시느냐고. 그 당시의 나는 새벽 기도를 하러 가도 감사 기도가 나오지 않았다. 나에게 왜 이러시냐는 생각이 매일 들었다. 추수감사절도

| 미국 식품 회사 근무 시절.

난 직장이 없는 채로 보냈고 다들 감사한 것을 찾는데 나만 억지로 감사하려니 그냥 원망이 나왔다. 결국, 6개월이라는 시간 동안 나는 아내와 함께 말씀으로 버텼다. 이번에는 우리 가정만 사는 문제로 걱정하는 것이 아니라 나의 고통 중에서도 남을 섬겨보는 미션을 주신 것이었다.

그다음에는 미국 유업계 회사에 생산 매니저로 취직했다. 회사에서 생산하는 제품이 상당히 어려운 제품(Aspetic)이어서 품질관리가 굉장히 중요한 부분이었다. 회사 설비 또한 전자동으로 식가공 계열 중에서도 최첨단 설비였다. 그러나 품질 문제(미생물 오염)는 한 번 발생하면 원인을 찾기가 어렵다. 몇 차례 큰 품질 문제가 있었고 그 원인은 오리무중이었다. 생산은 밀려 있고, 예방 정비할 시간은 없고, 내가 할 수 있는 부분은 없었다. 결국, 회사에서는 나를 해고하였다. 이런…. 세 번째? 나는 막막했다. 그때는 진짜 하나님께 원망도 나오지 않았다. 기도 응답으로 들어간 회사에서 또 나오게 되다니. 직장을 찾아야 하는데 이젠 직장 생활이 지겨웠다. 아내한테는 말은 못 하고 정말 적성에 잘 맞지도 않는 일을 하려니 죽을 것 같았다. '이 고생을 하려고 직장에 또 들어가야 하나?' 하고 생각하니 너무나 답답하였다. 그렇다고 사업을 시작할 돈도 없었다. 되려 계속 공부한 탓에 학자금 빚만 있었다. 어떻게 해야 하나…. 일단은 취업을 알아보았다. 다행히 사업을 하시는 대학 선배가 파트타임 일을 주어서 그래도 실업 급여와 그 돈을 합쳐 근근이 연명할 수 있었다. 그러나 집에는 아이들 둘(그때 당시 초등학생들)이 있

성령이 이끄는 경영Management by Spirit

어 막연히 직장을 찾는 게 쉽지 않았다. 미국에서는 직장에서 해고되면 홈리스(노숙자)가 되기 일쑤다. 미국은 페이먼트(Payment)의 연속이고 한 달만 돈이 굴러가지 않아도 길거리에 나앉게 된다. 특히 미국에 이민 간 이민자로서는 이런 상황이 공포 그 자체다.

마침 중국에 가 있던 후배가 나한테 미국으로 유기농 곡물을 수출하려는데 새로 생긴 미국 FDA 법을 알아봐 달라고 했다. 식품 쪽 관련 경험이 있었기 때문에 알아봐 준다고 했다. 직전 회사에서 새로 생긴 FDA에 대해서 들어서 아는지라 미국에 수출하려면 뭐가 필요한지 알아보는 것은 어렵지 않은 일이었다.

알아본즉, 미국에 식품을 수출하려면 해야 하는 것들이 상당히 많고, 더불어 이를 컨설팅해 주는 업체들이 전무하다는 것을 알게 되었다. 특히 이 법은 해외에서 식품을 수입하는 미국 내 수입사들이 지켜야 할 항목들이라 미국 내 모든 식품 수입 회사, 해외의 식품 수출 회사가 다 지켜야 하는 법규였다.

마침 내가 일본어를 공부했던 경험과 아내가 미국 대학에서 중국어 교수를 하고 있었기에 해외 수출자들의 식품 관리 서류들을 번역하는 데는 큰 어려움이 없었다. 미국 컨설팅사들은 외국어에 대한 제한들과 외국 식품 문화의 이해 부족, 과도한 오버헤드(Overhead)로 인해 컨설팅 비용이 비싸서 이런 회사가 있다면 경쟁력이 있겠다는 생각을 했다. FDA 법률이 75년 만에 대대적으로 개편이 된 것인데, 나에게는 하나님께서 나를 위해서 홍해의 물을 갈라 주신 것과 다름이 없었다. 아예 천지를 움직이시고 산을 움직이게 하시는구나. 할렐루야!

돈 한 푼 없이 창업하다

그렇게 나는 식품 수입사들을 상대로 FDA의 새로운 법률(식품 안전화·현대화법, FSMA)을 컨설팅하기로 결정했다. 그런데 당장 무엇부터 시작해야 할지가 문제였다. 그렇다고 법인 회사를 설립하기에는 자신이 없었다. 이것이 잘될지도 모르는 상황에서 덜컥 법인 설립만 해 놓고 사업이 안 되면 이 또한 짐이 될 수도 있다는 가능성 때문이었다. 일단은 무언가 세일즈(Sales)를 일으켜 보고, 시장을 테스트해 본 후 법인 설립을 생각해 보자고 마음을 먹었다.

일단 간단한 홍보물을 만들어서 편지를 보내 보기로 했다. 집에 프린터가 없어서 레이저 프린터를 한 대 샀다. 유일한 투자였다. 컴퓨터로 미흡하게나

마 홍보물을 만들어 출력했다. 아내가 장을 보러 마켓에 갈 때마다 제품 뒤편에 있는 수입사의 이름이 보이도록 사진을 찍어 오게 해서 이를 세일즈 정보로 이용하였다. 사진에 나온 회사들에 몇 통의 편지를 보내 보았다. 아마 첫 주에만 20통 정도를 보낸 것 같다. 이후부터는 연락을 기다렸다. 며칠이 지나고 그다음 주에, 지난주에 편지를 보냈던 회사 중 현재 내 고객 회사인 일본 회사 D 회사 —지금 내 회사의 제일 큰 고객이다— 에서 연락이 왔다. 마침새 법의 규정 준수일이 임박하여 빨리 컨설팅을 받고 싶다고 했다. 그 일본 회사에서는 당장 나를 만나고 싶다고 하여 다음 주 초에 그곳을 방문하기로 했다. 그 회사의 본사는 샌프란시스코에 있었는데 나는 LA(정확히는 오렌지 카운티)에 있었기 때문에 그곳으로 가는 비행기 표를 예약했다. '만약에 계약이 안 되면 어쩌나…. 가뜩이나 실업 상태라 돈도 없는데.' 머리가 복잡했지만, 앞뒤 가릴 처지가 아니었다.

샌프란시스코에 도착하여 차를 렌트하여 직접 운

전해서 그 회사에 당도했다. 일본 사람들이라 전문성을 볼 텐데, 이제 막 시작한 나를 뭘 믿고 일을 맡기려나. 참 지금 와서 생각해 보면 살 떨리는 일이 아닐 수 없었다.

드디어 회사 간부들 앞에서 발표하였다. PPT도 지금 생각해 보면 엉성하게 만들었던 것 같다. 그러나 나는 그 법을 위해 필요한 것이 무엇인지 알고 있었고 무엇을 해야 하는지도 알고 있었다. 미국 식품 회사에서 다년간 일했던 경험이 나에게는 제일 중요한 자산이었다. 그리고 내가 예전에 일본어를 몇 년 동안 공부해서 문서를 읽을 수 있다는 점이 귀사에 큰 도움이 될 거라는 점도 강조했다. 그 회사는 일본 회사라 규정 준수 등을 상당히 중요시했고, 법 시행일이 2주 전이라 시급한 상황이어서 부사장이 직접 나한테 계약했으면 좋겠다는 얘기를 했고 곧이어 견적을 달라고 하였다.

그때 당시에는 내 컨설팅에 대해서 어떻게 비용을 책정할지에 관한 생각이 없었다. 시간으로 계산해서 요청해야 하나? 아니면 제품 품목당? 아니면 공급자당? 미팅을 마치고 돌아오면서 고민했다. 시간당 청구는 가장 공평하지만, 고객들이 좋아하지 않을 거라고 생각했다. 식품 업계가 마진이 박해서 이런 컨설팅 서비스에 익숙지 않고 변호사처럼 시간당 청구는 어려울 거란 생각을 했다. 그래서 품목당, 그리고 해외의 제조당 청구를 하기로 하고 첫 견적을 뽑아 그 일본 회사에 보냈다. 이 또한 가슴 졸이는 일이었다.

며칠이 지나고 연락이 왔다. 계약하자는 연락이었다. 계약 금액은 34,000불이었다. 믿기지 않았다. 컨설팅 경험도 없고 회사도 설립하지 않은 나와 계약을 하다니…. 아내와 나는 첫 계약이 성사되자 서로를 부둥켜안고 울었다. 할렐루야. 하나님께 정말 감사했다. 이때를 위함인가. 그간의 이민 여정이 파노라마처럼 지나가면서 미국 이민 생활이라는 광야를 통해서 하나님을 진정으로 만나게 해주신 것 같다는 생각이 들었다. 모든 것이 합력하여 선을 이루시는 하나님이었다.

첫 계약 금액인 10,000불 수표 ―미국에서는 금액을 수표로 지급한다. 아직 원시적인 방법이다― 가 날아왔을 때는 더욱 믿기지 않았다. 돈 한 푼 없이 시작하자마자 10,000불이라는 돈이 들어오다니. 그 돈을 바탕으로 당장 법인 설립을 추진하였다. 법인을 설립하고 법인 통장을 개설하였다. 법인 설립 시에 회사명이 떠오르지 않아서 고민 중일 때, 아내가 우리 애들 이름의 앞글자(Joe와 Benjamin)를 따서 'J&B'로 하자고 했다. 그러나 'J&B'만으로는 너무 흔하다는 생각이 들었다. 보통 남가주의 경우에는 남가주(SO, Southern California)라는 글자를 많이 쓰므로 'SO J&B, Inc.'로 하기로 했다. 한 마디로 급조였다. 이렇게 해서 'J&B consulting' ―DBA라고 하여 공식 상호 외에 다른 이름으로도 등록하면 비즈니스를 할 수 있다― 가 탄생하였다.

헌팅턴 비치의 일출_ 인생은 이처럼 깜깜하다가 갑자기 밝아올 때가 있다. 해변 청소 봉사활동을 하는 하늘을 태워다 주고 일출을 보며 일하니 너무 좋다. 우리가 인생의 어두움을 지날 때, 하나님은 이미 일하고 계신다.
"이르시기를 너희는 가만히 있어 내가 하나님 됨을 알지어다 내가 열방과 세계 중에서 높임을 받으리라 하시도다(시편 46:10)"

성령이 이끄는 경영Management by Spirit

이제는 본격적으로 해 보자

이제는 탄력을 받아서 아내를 따라다니면서 식품 상점(Grocery store)에서 식품 회사들의 정보를 얻어서 편지를 보냈다. 편지 봉투에 손으로 글씨를 쓰는 아주 원시적인 방식이었다. 나중에 안 사실이지만, 내가 처음으로 계약한 일본 회사는 손으로 쓴 편지라 열어 봤다고 한다. 워낙 광고 편지가 많이 오므로 보통의 광고 편지는 뜯지도 않고 그냥 쓰레기통으로 직행했던 것이다. 결국, 이 또한 신의 한 수였다.

꼭 낚시 미끼를 던져놓은 것처럼 한두 군데 업체에서 연락이 오기 시작했다. 일단 일본 회사와의 계약으로 3만 불 이상의 매출을 확보했으므로 적어도 석 달은 버틸 수 있다고 생각했다. 즉, 일단 급한 불은 껐고 석 달이라는 시간을 번 셈이었다(참고로 미국에선 생활비가 많이 든다).

이제는 인터넷으로도 정보를 검색하여 미국 내 수입자들 리스트를 확보하고 콜드 메일(Cold E-mail)[2]도 보냈다. 그뿐만 아니라 수입과 관련된 관세사에게도 메일을 보내서 파트너 제휴를 맺자고 하였고, 물류 회사에도 메일을 보냈다. 그리고 정부 기관들(한국 농수산물 유통공사의 LA 지사, KOTRA LA 지사)에도 연락했다.

부지런히 씨를 뿌리니 여기저기서 연락이 오기 시작하였다. 새로 생긴 법 자체가 워낙 새로운 법이었던 터라 컨설팅을 하라고 하면 냉담하고 무관심한 태도를 보이는 곳이 부지기수였다. 쉽지 않았다. 그래도 업체 중에서 미국의 주류회사(코스트코나 월마트 등)에 납품하려는 회사가 그나마 새로운 법규 준수에 관해서 관심이 있었고 그런 한인 업체들과 조금씩 계약을 진행하게 되었다.

---

[2] 불특정 다수에게 보내는 요청 메일.

어느 날 갑자기 컨설팅을 하려고 하니 마케팅 및 홍보가 쉽지 않았다. 그러나 나에게는 하나님이 시작하게 하신 일이라면 하나님이 모든 과정을 이루게 하신다는 믿음이 있었다. 그리고 적어도 내가 하는 분야에 대해선 자신이 있었다. 다윗이 물맷돌 하나로 골리앗을 잡았듯이, 나는 내 분야의 전문성은 누구보다 위라는 담대함을 가졌다.

> "내가 네게 명한 것이 아니냐 마음을 강하게 하고 담대히 하라 두려워 말며 놀라지 말라 네가 어디로 가든지 네 하나님 여호와가 너와 함께하느니라 하시니라(여호수아 1:9)"

또한, 회사들은 기본적으로 컨설팅 금액에 관해서 부담을 느끼고 있었으므로 한국의 정부 기관이나 공사들(농수산물 유통공사와 KOTRA)에 한국 수입 업체들에 이러한 컨설팅이 필요하다고 설득하였고 비용 또한 정부 기관에서 보조해 주어야 한다고 설득하였다.

안식_ 보스턴 출장 중에 눈 폭풍 때문에 집에 며칠 정도 못 가고 5촌 당숙부 집에서 며칠 동안 신세 지면서 푹 쉬었다. 먹고, 자고, 책 읽고, 당숙부와 당숙모랑 재밌는 얘기도 하고…. 인생이 뭐 계획한 대로 되는 게 있나 싶다. 그냥 흘러가는 대로 하는 게 인생이고 비즈니스라는 생각이 든다.

성령이 이끄는 경영Management by Spirit

웹사이트는 하루 만에

 창업 후 회사 웹사이트는 'Wix'라는 곳에서 혼자서 2시간 만에 만들었다. 어차피 웹사이트는 상징적인 것이다. 대충 내가 무엇을 하고 있는지만 나타내 주면 된다. 그다지 거기에 신경을 많이 쓸 필요가 없다. Wix 같은 곳에 좋은 서식이 많으므로 그것들을 이용하면 된다.

 예전에는 웹사이트를 한 번 만들려면 몇 달은 걸렸을 것이다. 디자인을 구상하고, 내용을 만들고, 복잡하게 만든다. 그러나 고객들이 여러분의 웹사이트에 얼마나 관심을 가지고 볼까. 처음에 무엇을 하는 회사인지 알아보기 위해 한 번 보는 정도이지 않을까? 나도 내 웹사이트에 가지 않는다. 뭐하러 보지 않을 웹사이트에 목숨을 걸 필요가 있을까. 그냥 대충 만들어도 된다. 차라리 그 시간에 여러분들의 핵심 역량에 관해 고민하고 어떻게 해야 이윤을 남길 수 있을 것인지 고민하는 게 낫다.

블로그는 시작이 반이다

블로그도 대충 빨리 시작하는 게 낫다. 나는 심미적으로 예쁘게 디자인할 능력은 안 되어 그냥 무작정 시작했다. 다만 자신 있던 것은 콘텐츠 부분이었다. 미국 식품 FDA에 관한 법은 한국에서는 제일 잘 알고 있었으므로 그 부분에 관한 글들을 올렸다.

글을 올리고 네이버 등의 포털 사이트에 키워드를 입력해서 내 글들이 보이는지 확인했다. 검색이 안 되면 해시태그나 내용, 제목들을 수정했다. 이렇게 해서 허접스럽게 시작한 것들이지만 그래도 요즘은 40~50이라는 조회 수를 달성한다. 내 글은 대중적인 글이 아니고 전문적인 내용을 담은 글이라서 그 정도 조회 수에도 만족한다.

최근에는 내가 한국에 뽑아 놓은 파트타임 직원이 블로그를 많이 업데이트했다. 나름대로 디자인도 바꾸고 글들도 분류하고 기능들도 삽입해서 업그레이드가 많이 되었다. 일단 시작이 중요하고 자신의 콘텐츠에 자신만 있으면 나머지 외형적인 것들은 나중의 문제다. 일단 시작하자. 이룩게 하는 분이 하나님이시다.

너는 누구니?
– 나만의 무기 하나 가지고 있기

  나의 고객층은 다양하다. 미국 회사들, 미국 내 타 인종 수입 회사들, 캐나다 회사들, 미국 내 한인 수입사들, 한국 식품회사의 미국 지사들 등이다. 그러나 초기에 미국 내 한인 회사들은 나를 전혀 몰랐다. 타 인종이야 워낙 시장이 넓으니 나를 모르는 게 당연하고, 한국 회사들은 기존에 FDA와 관련해서 컨설팅해 주던 회사가 아니라 나를 알 길이 없었다. 전에는 FDA 관련 일들이 있으면 관세사가 처리해 주거나 한인 변호사들이 해결하곤 했는데 새로 생긴 법은 미국 내 식품 제조 시설에서의 실무 경험이 없으면 법을 해석해서 적용하기가 쉽지 않은 법이었다.

나만의 물맷돌이 필요하다. 나의 경우에는 컨설팅업이므로 관련 분야를 계속 공부한다. 제조업으로 치면 설비에 투자하는 것처럼 교육은 내 머리에 대한 설비 투자이다. 삼성의 권오현 회장이 쓴 『초격차』라는 책을 읽은 후 나는 나의 경쟁자들이 나를 아예 따라오지 못하게 전문 자격증과 교육, 실무 경험, 전문 분야 책 쓰기 등으로 격차를 벌리고 있다.

또한, 나는 미국 인정 기관(ANAB)의 FDA FSMA(식품 안전화·현대화법) 전문가로 활동하면서 컨트랙터(Contractor)로서 해외에 인증 기관(CB)을 FDA를 대신해서 심사하러 다니기도 한다. 물론 이는 나의 부수입이 되기도 하지만 한국인으로서 그런 일을 하는 사람이 전무하므로 한국에서의 나의 입지는 커질 수밖에 없다.

놀든, 게으르든 자기의 핵심 분야에서는 항상 1등을 유지해야 한다. 뭔가 차별화를 해서 소비자한테 진부하지 않도록 해야 소비자나 고객이 알아서 나를 찾아온다. 내가 아무리 좋은 서비스를 제공한다고 들이밀어도 고객이 나를 찾아오는 것보다 쉬운 일은 없으며 이를 위해서는 지속해서 스스로 경쟁력을 쌓을 수밖에 없다.

내가 올리는 블로그 글이나 관련 신문 기사들은 나의 경쟁력을 한껏 돋보이게 해 준다. 그 기사들을 보고 나를 찾아오는 고객들이 꽤 많다. 게으르더라도 실력을 쌓고 게을러지자.

출장 때 방문한 디트로이트 미술관에서 찍은 예수님 모습과 프란시스 아씨시 신부_ 아씨시는 "언제나 복음을 전하라. 필요하면 말(言)을 써라."라는 말로 유명하다. 말로만 하는 신앙이 아니라 생활의 내재화가 중요하다.

노력의 시대는 갔다. 놀이하라

나는 학력고사 세대이다. 내가 대학 입시를 치른 1992년도는 입시생이 백만 명에 달했던 입시 지옥이었다. 무조건 달달 외워서 최대한의 답을 맞히는 시험 기계로서 다져진 세대들이다. 나는 이과였지만 영어 과목을 좋아해서 영어 사전을 몇 번이나 갈아치우며 말 그대로 사전을 씹어 먹을 정도로 공부했다. 그땐 그게 통했다.

그러나 미국에 와서 석·박사 공부를 하면서 미국 사람들을 보면서 그동안 내가 가졌던 생각과는 아주 다르다는 것을 느꼈다. 이곳의 아이들은 멍한 것 같으면서도 창의력이나 발표력은 뛰어났다. 아는 것을 조리 있게 말하고 잘 표현했다. 그룹 토의도 하고 한 주제에 관해서 재밌게 얘기했다. 우리는 발표하면서 조리 있게 말하고 논쟁하는 연습을 해 본 적이 없다. 그냥 교과서에 있는 것을 달달 배우는 교육만을 받은 터라 의심하는 공부를 하지 않았다.

그러나 지금의 시대는 무조건 외워서 공부하는 시대도 아니고 노력만 한다고 성공하는 시대도 아니다. 성공의 공식에 '기계적인 노력'보다는 자기가 좋아서 주체할 수 없을 정도의 열정을 갖고 임하는 '열정적 즐김'이 필요하다. 자기가 좋아하는 분야를 찾아서 창의성을 더하고 그것을 비즈니스 모델화하여 모든 것으로 돈을 벌 수 있는 시대이다.

이제는 누가 짜준 틀 안에서 열심히 '노력'해서 성공하는 시대는 지나갔다. 내가 대학에 다닐 때는 요한 하위징하의 '호모 루덴스(Homo Ludens)'라는 담론을 듣곤 했다. 그땐 그게 무슨 소리인가 했지만, 실은 그것은 인간은 '놀이하는 인간'이라는 정체성과 함께 일만을 강요당하는 노력 시대에 대한 반감을 나타내기도 한 단어였다.

우리는 열심히 노력해야 한다는 이데올로기에 빠져있다. 막스 베버가 프로테스탄트 윤리와 자본주의 정신에서 말하듯이, 자본주의가 크리스천들의 근면성에서 이루어졌다는 통찰력은 좋지만, 자칫 그것이 과하면 열심주의나 워커홀릭(Workaholic)에 빠질 수도 있다. 그러나 예수님의 사역은 그렇게 무겁지만은 않다. 나는 파티광이었고 먹고 떠들면서 딱딱하지 않게 사역을 즐겼다. 내 일의 목적이 하나님의 영광을 드러내는 자리이고 과정이기 때문에 나에게는 늘 비즈니스의 목적을 두루두루 성찰하는 자세가 필요하다. 짐승같이 남을 착취해서 번 돈을 십일조로 내면 끝이 아니라 비즈니스를 통해 우리의 삶과 이웃의 삶을 풍성하게 해야 하는 것이 내 비즈니스의 목적이다. 즉, 우리의 삶과 이웃의 삶이 비즈니스를 우상으로 섬기면 안 된다.

그리고 이제는 열심히만 해서는 돈을 벌 기회가 줄어들었다. 양적인 투자(Input)가 아니라 질적인 통찰(Insight)이 중요하다. 그것은 궁둥이를 붙이고 앉아서 하는 일이 아니라 모든 세계, 일상 속에서 놀이하며 무언가를 찾아내는 능력을 말한다. 나는 그 방법으로 영적인 묵상 훈련을 추천한다. 말씀 묵상 훈련이 이루어지면 세상을 보는 통찰력도 늘어난다. 남들이 보지 못한 것을 보고 보이지 않는 것을 볼 수 있다. 결국 믿음이 그렇기 때문이다.

> "믿음은 바라는 것들의 실상이요 보이지 않는 것들의 증거니 선진들이 이로써 증거를 얻었느니라(히브리서 11:1~2)"

미국에서 아이들을 키우는 나는 내가 예전에 한국에서 공부했던 것처럼 아이들을 키우지 않으려고 한다. 요즘 아시아 사람들이 많이 모여 있는 지역은 경쟁이 심해서 대학 가기가 예전처럼 쉽지 않다, 그렇지만 한국처럼 공부만이 살길은 아니다. 우리 집의 큰아이는 고등학교에서 야구를 하고 있고 둘째 아이는 게임과 그림 그리기를 좋아해서 예고 진학을 준비 중이다. 미국의 경우는 운동하더라도 학점이 좋아야 운동선수로서의 활동을 유지할 수 있다. 그래서 설령 운동을 그만두더라도 공부로 먹고살 수 있다. 그리고 내가 사는 LA에는 굴지의 영화사들과 실리콘 밸리에 갈 기회가 많아 둘째 아이의 미래 또한 걱정하지 않는다. 굳이 공부만 해서 먹고살려고 하지 않아도 잘살 길이 많다. 자기가 좋아하는 것을 하고 그 전문성을 높은 가치로 인정해 주는 사회가 미국이다. 한국에도 그런 날이 오면 좋겠다.

공자께서 말씀하셨다. "어떤 사실을 아는 사람은 그것을 좋아하는 사람만 못하고, 좋아하는 사람은 즐기는 사람만 못하다."

"지지자불여호지자 호지자불여락지자(知之者不如好之者 好之者不如樂之者)."

그리고 우리 가족은 작년에 중국에 선교를 다녀왔다. 아내가 중국어 교수여서 통역 및 각종 사역이 가능했고 우리 아이들도 각자 저마다 맡은 역할을 했다. 나는 교회 선교부장이라서 선교 프로그램을 짰고 선교팀을 꾸렸다. 그 팀에 우리 가족이 들어간 것은 진짜 잘한 일이라는 생각이 든다. 우리 아이들은 의외로 중국에 선교하러 가서 많은 것을 깨달았다. 하나님의 살아계심도 느꼈고 그곳의 프로그램을 하던 중 집회에서 우리 아이들도 성령님을 체험한 것 같다. 공부를 잘하면 뭐하고 돈 잘 벌면 뭐하나. 하나님이 최고다. 내가 하나님을 만나기 전에 내 열정과 계획을 통해서 빈 그물만 낚던 지난 시절을 생각하면 지금은 하나님이 최고라고 생각한다. 그리고 하나님을 통해서 아이들을 교육하는 것이야말로 내가 우리 아이들에게 해 줄 수 있는 최고의 선물이라고 생각한다.

대학로_ 거의 20년 만에 찾은 대학로. 연극도 보고 사람 구경도 했다. 내가 대학 다니던 시절에 봤던 길거리의 기타 치는 아저씨가 지금도 있다. 정겹다. 예수님도 사역 중간에 혼자 기도하고 노니셨는데, 그 성경 구절들이 생각난다.

성령님에게 의지하는
경영이 효율을 만든다

나는 식품 공장에서 매니저로 오래 일했다. 생산 부사장 역할까지 맡게 되면서 경영학 석·박사 과정 동안 배운 이론에 실무를 더해 어떻게 하면 더욱 효율적으로 생산성을 높이는가를 항상 고민했다. 미국 식품 공장들은 인건비가 비싼 탓에 자동화 시설 설치율이 높고 공장에 오래전부터 과학적 경영 기법을 도입하여 '식스 시그마(Six sigma)'니 '린 경영(Lean management)' 등이니 하는 용어를 사용하고 있다. 나는 현재 비즈니스에서 어떻게 하면 효율적으로 적은 에너지와 시간을 투입하여 최대한의 생산성을 만들지 고민한다.

특히 컨설팅 비즈니스는 시간의 사용이 핵심이다. 하루에 얼마나 고객을 상담하는지에 따라 매출이 결정된다. 따라서 고객을 매출액에 따라 배정하고 우선순위의 일을 정해두고 일해야 한다. 그렇지 않으면 매출액도 적고 향후 가치가 그다지 보이지 않는 고객에 얽매여 이것이 기존 고객들에 대한 나쁜 서비스로 이어질 수도 있다. 또한, 이러한 관점에서 쓸데없이 현장을 방문하여 상담하는 것도 줄이고 있다. 미국에서 비즈니스를 하는지라 화상통화나 전화로도 일을 충분히 진행할 수 있다. 요즘은 교육도 온라인으로 많이 하고 있다. 미국 식품 관련법에 대해 교육하는 강사로서 오프라인 교육은 신경을 쓸 것들이 너무 많기 때문이다.

린 경영의 핵심은 쓸데없는 낭비(Waste)를 줄이는 것이다. 자원, 시간, 돈, 인력 등을 쓸데없는 곳에 투자하지 않아야 한다. 예전에 학창 시절에 보면 공부를 잘하지 못하는 학생들이 공부하기 전까지 책상을 정리하고 준비하느라 막상 공부할 때가 되면 조는 경우가 있는데 비즈니스도 마찬가지다. 쓸데없는 데 힘을 빼면 본 게임에서 힘을 쓸 수 없다.

최대한 효율을 높이려면 자기가 잘할 수 있는 분야에 집중하고 비핵심 역량인 행정적인 일들은 위탁(Outsourcing)하면서 자기의 강점을 계속 극대화하는 것이 핵심이라고 생각한다. 그리고 핵심적인 일이 아니라고 생각하는 일에 대해서는 굳이 완벽을 추구해서는 안 된다. 나의 경우에는 FDA 식품 관련 컨설팅이라서 법에서 요구하는 것에 관해서 고객들이 최소한의 노력으로 최소한의 법의 요구에 대응하도록 상담해 준다. 그 이상의 것들을 정착하는 것은 각 업체의 역량이다.

성경을 읽다 보면 본질적인 부분을 생각하게 된다. 인생의 목적, 하나님의 인간 창조의 목적, 예수님의 가르침들. 그런 통찰력의 훈련이 세상을 살아갈 때, 비즈니스를 할 때, 필요 없는 것들의 가지를 쳐 버리는 훈련을 하게 해 준다. 그것이 결국 선택과 집중 전략, 린 경영 등을 만드는 원동력이 된다.

골프 _ 캘리포니아는 골프 치기에 최적의 도시다. 싼 가격에 날씨도 좋다. 골프도 내 마음대로 안 된다. 공이 원하는 방향으로 안 가는 게, 비즈니스와 똑같다. 왼쪽 팔을 쭉 펴야 하는데…

    나 또한 조기에 사업 기반을 구축할 때 회사 소개서나 홍보 편지 등을 아주 신경 써서 만들지 않았다. 외관상으론 아마추어에 가까웠고 나의 말투 또한 전문 영업인의 언어 구사력은 아니었다. 어수룩한 말투에 엉성한 회사 소개서. 전혀 컨설팅 프로젝트를 계약할 수 없는 상황이었지만, 나는 컨설팅의 핵심 측면에서 고객들의 필요를 읽었다. 즉, 나는 고객이 원하는 것보다는 고객에게 필요한 것을 알고 있었기 때문에 자신감이 있었다. 모세처럼 말이 아둔해서 위축될 필요도 없다. 나의 진정성, 전문성이 있고 하나님이 뒤에 계시면 무서운 게 없다.

아웃소싱과 최소한의 경비

나는 현재 파트타임 직원들을 쓴다. 사무실도 없이 집에서 일한다. 간혹 손님들이나 주변 사람들이 "이제는 사무실 구할 때가 되지 않았나?", "직원을 뽑아야 하지 않나?"라고 물어본다. 하지만 굳이 그럴 필요가 없다. 사무실을 구하면 내가 출근해야 하고, 그에 관한 경비가 나간다. 내가 하는 컨설팅은 주로 내가 방문하는 일이 대부분이고 내 고객들은 미국 및 전 세계에 흩어져 있다. 굳이 물리적인 사무실이 필요하지 않다. 홈 오피스에서 일하는 미국인들의 비중은 엄청 높다. 미국은 땅이 넓어서 재능 있는 사람에게 회사 출근을 강요하면서 뽑기가 어렵기도 하다. 우리 옆집에 사는 매튜(변호사)나 마리아

(리크루터)도 홈 오피스에서 일한다.

직원의 경우에도 풀타임 직원을 아직 뽑지 않았다. 아직 웬만한 일들은 내가 처리할 수 있고, 부분적으로 필요한 부분에만 파트타임 직원을 3명 정도 쓰고 있다. 그중 한 명은 프로젝트 베이스로 일한다. 어떤 곳에서는 덜컥 직원을 뽑아놓고 그 직원에게 월급을 주기 위해 일해야 하는 주객이 전도된 상황도 많이 볼 수 있다. 요즘은 외주화된 아웃소싱 서비스가 많기 때문에 굳이 그렇게 풀타임 직원에 연연해하지 않아도 된다.

일전에 신문에서 'Invision'이라는 글로벌 디자인 회사의 이야기를 읽은 적이 있다. 이 회사는 700명의 직원이 다 재택 근무하는 회사이다. 최소한의 경비로 최대한의 복지 혜택을 준다. 나의 롤 모델이 된 회사이다. 나는 직원이 더 생겨도 사무실을 개설할 생각이 없다. 단, 요즘에 한국에 지사 법인을 생각하는 나로서는 이 때문에 사무실을 얻어야 하는 부담이 생겼다. 법인 등기 시에 사무실 주소가 필요하며, 사무실 임대 계약서를 제출해야 하고, 직원들 또한 집에서 근무하는 것이 익숙지 않아서 사무실 출근을 원하는 경우가 있기 때문이다. 그러나 그렇더라도 최대한 물리적인 하드웨어에 집착하지 않는 것이 나의 철학이다.

처음부터 거창하게 남들에게 보여 주기 위한 창업을 하면 안 된다. 최대한 실속있게 핵심 역량을 기르기 위한 투자에만 집중하는 것이 좋다. 창업 후에는 현금을 써 버리는 속도가 예상보다 항상 빠르기 때문에 매출에 집중해서 최대한 빨리 돈을 굴리지 못하면 순식간에 폐업에 이른다. 이를 방지하려면 경비를 최대한 줄이는 것을 늘 염두에 둬야 한다.

남의 시선을 의식하지 말아야 한다. 예수님이 사셨던 것처럼 너무 많은 것들을 소유하지 말고 항상 언제든 떠날 준비를 하면서 노마드 비즈니스를 하는 게 나의 가치이다. 외형 자산은 결국 언젠가 나의 발목을 잡을 수도 있기 때문이다.

미니멀 라이프를
미니멀 경영으로 만들다

　나는 미국에 살면서 물질주의의 최정점인 라이프 스타일을 본다. 자본주의란 것은 최대한도로 생산해서 최대한 소비해야만 돌아가는 세상이기 때문에 미국은 그야말로 소비의 천국이다. 문화 공간도 잘 짜인 소비 공간의 일부이다. 미국의 경우에는 한국처럼 자연적으로 이루어진 도시보다는 철저하게 계획된 도시들이 많다. 미국인들은 쇼핑몰에서 많은 시간을 보낸다. 우리 애들도 어릴 때는 저녁에 월마트나 타겟(미국에 있는 월마트보다 약간 고급 형태의 잡화점)에 가는 것이 삶의 낙이었다. 많이 쓰기 위해 돈을 벌고, 신용카드 빚을 갚기 위해 일해야 하는 악

순환의 연속이다. 이곳에서는 모든 것이 소비와 연결되어 있다.

나는 월마트에서 쇼핑하는 것을 좋아한다. 품질이 좋은 싼 제품을 사서 오래도록 쓰는 것이 내 목표다. 많이 쓰지 않아야 많이 벌어야 한다는 강박에서 벗어날 수 있기 때문이다. 즉, 소위 미니멀 라이프를 표방하고 살지만 쉽지 않다. 옷도 내가 좋아하는 옷 몇 벌만 있으면 되지만 아내가 컨설팅하려면 옷을 잘 입어야 한다며 많은 옷을 사 준 덕에 집에 모셔둔 옷들이 옷장에 꽉 차 있다.

나의 경영 철학 또한 미니멀 경영이다. 사실 이것은 성경에서 착안한 것이다. 이스라엘 민족이 광야에서 하나님을 체험하고 생존했듯이, 최대한 사람과 시스템에 의지하지 않고 하나님만을 의지하겠다는 나의 믿음이다. 불필요한 경비와 불필요한 비즈니스 범위를 확장하지 않는 것이다. 경비 같은 경우에는 사무실 없이 직원도 필요에 따라 파트타임 직원을 쓰는 것으로 하고 있다. 불필요한 비즈니스의 경우에는 나의 핵심 역량을 쓰지 않고 새로운 역량을 만들어야 하는 부분은 늘 신중하게 고려한다. 작년쯤, 내가 한국에서 직장 생활할 때의 동료가 미국에 법인을 세워야 한다며 나에게 연락해 온 적이 있다. 전에 한국에서 치과 신경 치료제나 기구를 수출하는 해외 영업 부분에서 일한 터라 약간의 감만 있었다. 직장 동료에게 내가 미국 시장을 맡아 보겠다고 말했고 얼마간 내 컨설팅 비즈니스와 이 일을 병행해 보려고 했다. 그러나 막상 하려고 보니 그 일 하나에만 온 신경과 시간을 다 투자해도 만만치 않아 보였다. 그러나 나의 욕심으로 그래도 한번 양다리는 걸쳐 보자고 이에 계속 도전하였는데, 결국 나의 이런 상황을 예측이라도 한 듯 그 친구에게 내가 미국 시장을 맡기에는 너무 계획이 없어 보인다는 섭섭한 얘기를 들었다. 처음에는 나를 우습게 생각하나 싶기도 해서 서운했지만, 그의 말이 맞았다. 결국 그 일을 포기하고 내 컨설팅에 더욱 집중했다. 지금 보면 잘한 일이다.

핵심은 진혀 연결고리가 없는 사업으로 내 사업을 확장하는 것은 두 배로 힘이 든다는 것이다. 예를 들어 아마존은 플랫폼 비즈니스로 시작하여 온라인 전자책, 쇼핑, 서버, 식자재 온라인, 식품 스토어 부분으로 사업을 연속적으로 확장했다. 그러나 이는 온라인 플랫폼이라는 공통점을 바탕으로 핵심 역량을 공유하면서 발전시킨 사례이다. 전혀 동떨어진 사업을 시작하여 그 사업에 필요한 핵심 역량이 없으면서 맨땅에 헤딩하는 것은 위험하다. 확장하더라도 시장을 하나씩 선점하고 다른 쪽으로 이어가는 것이 중요하다.

나의 경우에는 미국 식품 회사에서 근무했던 경험이 핵심 경쟁력이다. 1세대로서 미국 식품 공장에서 일한 경험은 쉽게 찾을 수 없다. 들어가기도 힘들고 들어가서 버티기도 힘들다. 그러한 경험과 지식, 그리고 오랫동안 공부했던 나의 시간(경영학 석·박사 학위, 자격증들)이 나를 컨설팅하기에 적절한 핵심 인재로 키워놓았다. 이 역량으로 미니멀하게 움직여 최대한 돈을 버는 것이 나의 목적이다.

미국에서 이미 실험적으로 살아본 『월든』의 저자 헨리 데이비드 소로는 1년에 6주만 일하면 살 수 있다는 실험을 오래전에 하였다. 그 외의 시간은 글을 쓰고 자연을 관찰하며 여유롭게 살았다. 나도 그 정도만 해도 살 수 있다는 실험을 해 보고 싶다. 특히 미국에서는 쉽지 않은 일이지만, 최대한 효율적으로 일하고 최소의 비용으로 사는 삶이 내 버킷 리스트다. 나는 오늘도 이 삶을 실천해 보려고 한다.

여행+출장(Bizcation)_ 나는 애들이 방학이면 애들을 출장 갈 때 데려간다. 작년에 캐나다 출장 때 나이아가라 폭포에서 찍은 사진.

검증(Verification)된 것만 믿어라

모든 것을 의심해야 한다. 'Know-how'의 시대보다는 'Know-why'의 시대이다. 기존의 비즈니스 틀 안에서 경쟁하는 것은 박 터지는 상황이고 레드 오션일 가능성이 높다. '발군의(Out-of-the-box)' 사고가 필요하다. 이를 위해서는 항상 의심해야 한다. 우리는 교회 문화에 익숙해져서 전혀 의심하지 않는다. 무조건 믿으라고만 하니 신앙이 자라지 않는다. 성경이 다 답을 주지는 않지만, 영적 상상과 신학적 탐구는 여전히 우리의 의무다. 또한, 한국 교회에서 평신도들을 우매화시킨 것도 큰 문제다.

나는 도마를 아주 의심 많은 제자로 낙인찍어버

린 예화가 싫다. 도마는 의심하고 난 이후에 더 믿음이 좋아지지 않았을까? 성경을 보고, 질문하고 답하는 과정을 통해서 나의 신앙도 자라고 믿음도 자란다. 예수님이 빌립에게 와 보라고 한 것도 결국 그런 것이 아닌가.

나는 직장 생활할 때 부하 직원들이 건성으로 일하는 것들을 많이 봐서 항상 내가 불시에 보고서를 점검할 때가 있었다. 그러면 보고한 내용과 맞지 않는 경우가 많았다. 마찬가지로 내가 일하는 분야에도는 업계의 소문들도 실제가 아닌 경우가 많다. 더군다나 요즘은 가짜 뉴스가 판을 치는 세상이라서 본인들이 이를 잘 걸러내지 못한다면 남의 조작된 뉴스에 놀아나기 일쑤다.

정보는 넘쳐나고 우리에게는 그 정보의 진위를 파악하고 원본을 읽을 수 있는 능력이 필요하다. 한국에서 내가 일하는 분야의 뉴스를 보면 원본 저자가 불분명하다. 나의 경우에는 콘텐츠의 원본(주로 영어)을 읽고 이를 소화해서 기사화하거나 블로그에 올리므로 한국에서 나오는 내 분야의 기사는 내가 콘텐츠의 주인인 경우가 많다.

뉴스나 정부 보고서 또한 실제 현지 사정과 다른 것도 많다. 이러한 많은 정보를 제대로 읽는 통찰력이 필요하다. 많이 사고하고, 책을 읽고, 글을 써 보고, 의심하고 토론하는 능력이 배양되지 않으면 쉬운 일이 아니다. 비즈니스도 결국은 남들이 찾지 못한 것을 먼저 찾고 실행하는 사람이 성공한다. 남들이 가진 정보는 누구나 있다. 가려진 진주를 찾아내는 능력을 길러야 한다.

나는 성경을 기계적으로 읽고 몇 번 통독한 것을 대단하게 여기는 문화가 이상하다. 아무 의미도 모른 채로 염불을 외우는 것과 무슨 차이가 있는가. 의미를 묵상하면서 그 속에서 하나님의 의도를 찾는 것이 더 중요한 것이다. 기계적으로 성경을 몇 번 읽었다고 자랑하는 것은 내 경우에는 그다지 마음에 와닿지 않는다.

디지털 노마드의 삶

나는 아직 집이 없다. 그래도 근사한 집을 렌트하여 산다. 미국에는 전세가 없으므로 내가 사는 집 또한 엄청난 렌트비를 달마다 내고 있다. 주변 사람들은 나에게 왜 집을 안 사냐고 하지만 요즘은 미국의 집값도 엄청나게 올라서 계약금(Down payment)을 모으는 게 쉽지 않다. 사실 '아메리칸 드림' 하면 일단 근사한 집 한 채 가지고 있는 게 정형화된 모습이다. 하지만 난 렌트한 근사한 집만으로도 좋다. 물론 내가 계약할 돈이 생기고 여유가 생기면 집을 사는 것도 좋다. 하지만 집이 없다고 해서 남들과 비교하는 것은 싫다.

한국 사람들을 보면 차도 근사한 차에 집도 좋은

집에 살아야 사회적으로 좋은 위치가 정해진다고 생각하지만, 미국은 그런 게 덜하다. 워런 버핏도 옛날에 타던 차를 아직도 타고 다니고, 조그만 집에서 살고 있다. 에리히 프롬이 말했던 '소유냐, 존재냐.'의 문제다. 자신에게 개성이 없고 정체성이 없으면 마음이 허하고 남들이 하는 대로 살아야 덜 불안하지만, 자신의 개성이 있고 정체성이 확실하다면 굳이 내가 남들의 기준대로 살지 않아도 스트레스를 받지 않는다

나의 삶과 비즈니스도 예수님의 살아가신 방법을 따르려 한다.

> "예수께서 이르시되 여우도 굴이 있고 공중의
> 새도 거처가 있으되 인자는 머리 둘 곳이 없다
> 하시더라(마태 8:20)"

예수님의 삶은 실제에 비해 너무 간과되는 측면이 있다. 너무 신성(神聖)만 강조해서 그럴 수도 있고, 사람들이 그 부분에서 별로 순종하지 않으려는 의

도가 있을 수도 있다. 아무튼 그의 미니멀 라이프를 따르는 것이 나의 가치관이다.

요즘 나에게는 버킷 리스트 하나가 생겼다. 아이들이 대학에 입학하면 —둘째 아이까지 입학하려면 아직 5년 정도 남았다— 외국에서 살고 싶은 곳을 골라서 한 달씩 살아 보는 것이다. 에어비앤비를 통해 한 달씩 집을 렌트하고 그 지역에서 살아 본다. 일은 물론 랩톱 컴퓨터와 스마트폰만 있으면 충분히 가능하다. 그리고 여행을 다니면서 블로그 글과 책을 쓰는 것이다. 상상만 해도 즐거운 일이다.

그러려면 짐을 줄여야 한다. 살다 보면 갖가지 살림살이들이 많이 생긴다. 그러나 그 물건들의 대부분은 쓰지 않게 된다. 나는 출장을 많이 다녀서 짐을 금방 싸는 편이다. 자주 다닐수록 짐이 줄어든다. 옷도 간편하게 입고 많이 챙기지 않게 된다.

예전에 김종래 씨가 쓴 『CEO 칭기스칸』이라는 책을 사 놓고 얼마 전에 다시 책장에서 그 책을 꺼내 보았다. 2002년도에 쓴 책이지만 통찰력이 있다. 그

책을 보면 농경 문화보다 유목민들의 문화가 더욱 창의적이고 수평적이라고 한다. 농경 문화는 제도가 발달하고 그 제도를 통해 '제도 피로화' 현상이 나타나며 권위주의가 생겨나는 특징이 있다.

몽골의 수도인 울란바토르 근교에 있는 돌궐을 멸망시킨 톤유쿠크 장군의 비문은 이렇게 쓰여 있다고 한다. "성을 쌓고 사는 자는 반드시 망할 것이며 끊임없이 이동하는 자만이 살아남을 것이다." 이들은 800년 전에 벌써 4차 산업혁명의 디지털 노마드로서의 삶을 살고 간 원조다. 몽골족은 '속도'를 중시하는 민족이고 그것이 경쟁력이었다. 인구 약 200만 명의 몽골족이 4만여 명의 정규군을 데리고 전 세계를 통치했다는 것은 놀라운 사실이 아닐 수 없다. 디지털 노마드를 꿈꾸는 나에게도 큰 교훈이다. 언제든지 움직일 수 있고 변화된 상황에 빠르게 적응할 수 있는 능력. 기회가 왔을 때 빨리 잡고 실행하는 모습이 그것이다.

현재 세계 10대 기업에 속한 기업들을 보면 거의

다 IT 기업들이다. 이젠 소프트웨어를 가진 자가 하드웨어를 가진 자를 지배한다. 삼성은 아직 하드웨어 부분에서 최고지만, 한순간에 몰락할 수도 있다. 특히 총알(자금)이 많이 부족한 소기업의 경우에는 섣불리 하드웨어에 투자하기보다는 소프트웨어에 투자하는 것이 좋다. 자신의 역량이나 경험이 더 중요하다. 하드웨어보다는 소프트웨어다.

2000년 초에 제러미 리프킨의 『소유의 종말』이란 책을 읽은 적이 있다. 그는 벌써 그 당시에 '공유 경제'에 대한 가능성과 '소유'보다는 '접속', '사용 가치'에 의미를 두는 사회가 올 거라 예언했다. 지금 떠올려 보면 현재를 말하는 것이 아닌가 싶다. 에어비앤비, 우버 등의 공유 경제 회사의 등장과 점점 소유를 위해 돈을 벌기보다는 그냥 필요할 때만 쓰는 것의 패러다임으로 세상이 바뀌고 있다. 굳이 돈 들어가는 자산을 위해 평생 노력하느니, 필요할 때만 접속하고 나머지의 유용 현금은 많은 것을 경험하는 데 쓰자는 것이 나의 철학이다. 우리 아이들 또한 더 많은 세계를 경험시켜 주고자 하는 것이 나의 생각이고 지금까지 그렇게 해 왔다.

보이는 것만 믿지 말아라. 보이지 않는 것도 봐야 한다. 우리는 남들이 사는 대로 사는 경우가 많다. 남들이 생각하는 것을 내 생각인 것처럼 알고 산다. 심리학 이론이나 사회학 이론에 자주 등장하는 것처럼 '타인의 욕망'을 '내 욕망'에서 분리해 내는 것이 중요하다. 비즈니스를 하다 보면 대부분의 사람이 남들이 가정한 것들을 나의 전제로 의심 없이 사용하고 성공담이나 자서전들을 필터링 없이 벤치마킹 하려는 경우를 많이 본다. 예수님은 항상 사람들의 'Want(욕망)'도 아셨지만, 그보다는 'Need(진짜 필요한 것)'를 주려고 하셨다. 사람들은 예수님께 자신의 병을 고쳐 달라고 했지만, 예수님은 병뿐만 아니라 구원과 죄 사함을 주시는 분이다. 즉, 하나님은 우리의 욕망보다 우리의 진짜 구원을 위해서 필요한 것을 주고 싶어 하는 분이다.

남들이 가는 길은 경쟁이 치열하다. 나는 남들이

휴가 갈 때 놀러 가는 것도 싫어한다. 그만큼 돈도 많이 들고 사람도 많아서 구경도 제대로 할 수 없다. 남들이 가는 길을 의심해 봐야 한다. 한국에서는 유행이 너무 빠르다. 벤치마킹에는 도사이다.

석양_ 나는 석양을 좋아한다. 특히 캘리포니아의 석양을 좋아한다. 석양을 볼 때마다 마음이 정화되고 그 아름다움에 내가 작아진다. 하나님이 지으신 세계는 매일이 작품이다.

아이들과 시간을 보내면서 일하기

미국에 사는 나로서는 아이들을 차로 태워다 주는 게 일이다. 두 아이를 키우다 보니 —한 아이는 중학생, 한 아이는 고등학생— 아이들의 등하교 시간이 서로 다르고 운동 활동도 제각각이라 아내와 나는 각기 애들을 데리고 여기저기에 다니느라 바쁘다.

많은 경우에 나는 내가 아이들을 많이 태워 준다. 남자아이들이라 스포츠 활동이 많아서 아빠가 같이해야 하는 경우도 있다. 그래서 설령 아이들이 운동하는 곳에 갈 때도 나는 랩톱 컴퓨터를 가지고 간다. 신기한 것은 아이들을 내려 준 뒤에 야외 벤치에 앉아서 일하면 더 능률이 오른다는 것이다. 일

거 양득이랄까. 아이들도 보면서 일도 할 수 있어서 좋다.

아이들이 자라는 시기는 금방 지나간다. 애들이 어릴 때는 이제 기억도 희미하다. 사진을 봐야 '아. 이런 때도 있었구나!' 하고 기억이 날 정도다. 아이들은 우리를 기다려 주지 않는다. 회사에서 온 힘을 다해서 돈을 벌지만, 돈보다 아이들과 함께하는 시간이 더 중요하다. 평소에 아이들과 시간을 같이 보내지 못하다가 나중에 시간을 몰아서 근사한 곳에 데려가 주는 것도 중요하지만, 평소에 아이들과 보내는 시간이야말로 그 무엇과도 바꿀 수 없는 시간이다. 물론 이곳은 미국이라 한국보다 더 가정적인 문화이지만 한국도 요즘은 52시간 근무와 함께 가족들과 더 많은 여가를 보내는 것으로 안다. 나는 아이들과 보내는 시간을 우리 신앙의 전수 시간으로 만든다. 보통 교회에 아이들을 보내면 신앙이 자동으로 자란다고 생각하는데, 그보다는 아이들과 교류하면서 나의 신앙관을 보여 주는 것이 중요하다. 물론 그렇게 하려면 아이들과 많은 시간을 보내야 한다. 특히 아빠들에게는 더욱 그런 시간이 필요하다.

나는 좀 산만한 곳에서 일하는 것을 좋아한다. 집에 내 업무를 하는 방이 있지만, 그곳에 있으면 답답하다. 그래서 거실에서 일한다. 아이들이 학교에서 돌아오면 학교에서 있었던 일 등으로 엄마와 대화하는 아이들을 보면서 일한다. 우리 아버지 세대처럼 아이들과 서먹한 벽이 있는 것과는 다르다. 더 솔직하게 표현하고 —물론 가끔 반항도 하지만— 친밀한 관계를 유지한다.

아이들은 가정에서 이런 안정된 정서를 누리기에 일이 더욱 안정적이고 창의적이다. 집안이 어수선하고 아이들이 말썽부리고 부부 관계가 좋지 않으면 일이 잘 안되는 것은 당연하다. 집안의 문제로 에너지를 빼앗기면 낭비다. '수신제가치국평천하(修身齊家治國平天下)'라는 말은 그래서 나온 말이다.

LA 에인절스 경기장_ 우리는 한인들이 주로 좋아하는 다저스 팬이 아니라 LA 에인절스 팬이다. 큰아이가 학교에서 야구선수라 자주 야구장에 간다. LA 에인절스 경기장은 집에서 20분 거리에 있다.

강아지와 시간을 보내면서 일하기

우리 집에는 1년 된 몰티즈 강아지가 있다. 처음에는 강아지를 키우면 우리 부부의 짐이 될 것 같아 아이들의 사정에도 이를 무시하다가 1년 전에 아이들에게 강아지를 사줬다. 우리 집 아이들은 중·고등학생 남자아이들이라 생후 1개월짜리 강아지를 보면 너무나 귀엽고 사랑스럽다.

내가 집에서 일할 때는 주로 강아지와 나만 집에 있을 때가 많다. 나도 아침에 밀린 일들을 처리하다 보면 가끔 답답할 때가 있어서 그럴 때는 강아지를 데리고 산책을 한다. 예전에는 혼자 산책을 다닌 적이 없었지만, 강아지 때문에 공원도 가고 동네도 걷고 뒷마당에도 나가서 둘이서 서로를 잡으러 다니는 놀이도 한다.

　강아지를 키우면서 나는 새삼 나와 하나님의 관계를 생각해 본다. 우리 둘리를 보면 너무 사랑스럽다. 둘리는 때론 집안을 엉망으로 만들기도 하고 먹으면 안 되는 것들을 먹기도 하며 산책하러 나가면 가지 말아야 할 곳들을 간다. 어느 때는 '둘리를 위하는 내 마음을 둘리가 알까?'라는 생각도 든다. 먹으면 안 되는 것을 뺏고, 둘리가 가지 말아야 할 곳은 개 줄을 잡아당기고 하니 가끔 둘리는 내가 싫을 수도 있을 것이다. 나도 하나님과 그렇지 않을까….

　그리고 '둘리가 가끔 말을 할 수 있으면 얼마나 좋을까?'라는 생각도 해 본다. 우리가 하나님께 기도하는 것도 그런 이유에서 아닐까? 나는 하나님도 우리가 하나님께 말하면 좋아하시리라고 상상한다. 우리 둘리가 나한테 말할 수 있다면 좋은 것처럼 말이다. 그래서 하나님도 기도란 것을 만들었나 보다.

　강아지 또한 나의 동료이다. 나를 즐겁게 해 주고

지루하지 않게 해 주며 정서적으로 안정감을 준다. 강아지를 데리고 다니면서 공원에서 스마트폰으로 전자책을 읽기도 하고 사업 아이디어도 구상하고 풀어야 할 문제들도 고민한다. 이렇게 걷고 강아지랑 뛰어다니면 영감이 떠오를 때도 많다. 우리 둘리(우리 강아지 이름)를 CEO(Chief Entertaining Officer)로 임명합니다.

| **둘리**_ 내 직장 동료.

성령이 이끄는 경영Management by Spirit

사람은 고독을 경험해 봐야 성숙해진다

나는 『노인과 바다』 소설을 좋아한다. 어릴 적에 읽었을 때도 좋았고 나이 들어서 읽어도 좋다. 노인과 바다와의 사투에서 그의 고독을 느끼고 절망과 희망 사이의 경계에서 묵묵히 노인의 살아있음을 느끼게 해 주는 이야기는 큰 감동은 없어도 뭔가 깨달음을 준다. 사람이 살다 보면 이러지도 못하고 저러지도 못하는 상황이 있다. 노인은 큰 물고기를 낚았을 때 물고기를 낚느라 사투를 벌이지만, 또한 상어 떼를 쫓기 위해서도 사투를 벌인다. 그 공간에는 철저한 나만이 있다. 그 공간에서 처절히 삶과 싸우는 '나'.

우리는 고독한 시간이 있어야 하나님과 대면할 수

있다. 절망의 시간도 좋다. 다윗이 사울에게 쫓기는 시간 동안 쓴 시편을 보면 그가 하나님과 매우 가까워질 수밖에 없었음을 알 수 있다. 나 또한 몇 번의 원치 않는 퇴사를 통해서 하나님과 만났다. 절망과 고독을 정면으로 돌파해야 한다. 그것을 사람으로 채우고, 쇼핑으로 채우고, 음주로 채우려면 채워지지 않는다. 실험해 봐도 좋다.

성경 속의 인물들을 보라. 모세가 광야에서 만난 하나님, 다윗이 사울에게 쫓기면서 하나님에게 버림받았다고 생각했을 정도의 고통스러움, 광야에서 예수님이 보낸 40년 동안의 생활 등, 우리는 절대 고독을 통해서 하나님과 조우하는 경우가 많다. 위대한 신학자 키르케고르는 우울증이 있을 정도로 심한 고독 속에서 실존 신학을 만들어 낸 분이다.

현대인들은 고독을 채우기 위해서 소비를 하든, 문화를 즐기든, 스포츠를 하든, 사람을 만나든 한다. 중요한 것은 철저히 고독을 경험해 봐야 진정한 자아를 만나고 인생의 의미를 찾을 수 있다는 것이다. 외로워서 사람을 만나면 더욱더 외로워진다. 1인 창업의 경우에는 좋은 점도 있지만, 때론 심심하기도 하고 외롭기도 하다. 같이 고민을 들어줄 사람도 없고 같이 희열을 느낄 사람도 없다. 그러나 직원들이 아무리 많아도 CEO가 직원들에게 자기 속풀이를 하는 경우가 얼마나 될까.

요즘 한국엔 '혼술(혼자서 술 마시는 것)', '혼밥(혼자서 밥 먹는 것)', '혼영(혼자서 영화 보는 것)' 등 1인 가구 시대가 열렸고, 무엇이든 혼자서 하는 것이 추세이다. 남과 더불어 하면 좋은 점도 있지만, 남들과 맞춰야 한다. 그러느니 차라리 무엇이든 혼자서 하는 것이 좋을 때도 있다. 군중 속의 고독이랄까. 아무리 주변에 사람이 많아도 결국 인생의 답은 혼자 대답해야 할 것들이 많다. 혼자 조용히 묵상하며 비즈니스를 구상하고 생각하다 보면 꽤 많은 비즈니스 아이디어가 떠오르기도 한다.

나는 영업을 하느라 사람을 많이 만나기도 하지만, 역으로 혼자 있는 것도 즐긴다. 사람을 너무 많이 만나다 보면 에너지가 많이 소모된다. 말도 많이 하게 되고 그 사람에게 집중하다 보니 지치게 된다. 그래서 긴 출장 뒤에는 항상 혼자만의 시간을 가지고 에너지를 충전한다. 그래야만 다시 사람을 만날 수 있는 에너지도 생기고 좋은 비즈니스 아이디어도 생각나기 때문이다.

비즈니스의 목적

나는 내가 왜 비즈니스를 하는지를 가끔 고민한다. 돈을 벌기 위해서 비즈니스를 하고, 얼마나 벌어야 하고 얼마나 회사를 키워야 하는지 고민한다. 그리고 돈을 벌어서 무엇을 할 것인가도 고민한다. 결국, 돈을 번다는 것은 나의 필요, 가족의 필요를 채우고 경제적인 자유를 꿈꿔 내가 하고 싶은 일을 할 수 있다는 것이다. 그러나 많은 경우에 이러한 고민 없이 창업하다가 삶의 균형이 깨져서 소진되고 직장에 다닐 때보다 일을 더 많이 하는 경우를 봤다.

이것은 나는 BAM 모임을 몇 번 동안 하면서 매일 고민했던 주제다. 하나님의 영광을 위해. 하나님 나라의 확장을 위해. 이웃을 섬기기 위해. 수많은 목적을 생각해 본다. 기존의 한국 교회의 패러다임은 열심히 일해서 헌금하면 그뿐이라는 인식이 많았다. 또는 어느 장로님에게 사기를 당했다느니 하는 경우도 보았다. 이처럼 크리스천들의 비즈니스는 보통 사람들보다 더한 경우가 많다.

나는 직장에서 나온 이후 몇 번의 백수 생활을 해 본 적이 있다. 그때는 시간은 많고 돈이 없던 기간이었다. 그때 나는 은퇴했다고 가정하고 생활해 봤다(돈 없는 것을 빼고). 그러나 미리 고민하지 않았기에 막상 하고 싶은 것이 당장 생기지 않았다. 낮잠 자고, 책 읽고, 영화 보고…. 그래도 시간이 많이 남았다. 어떻게 채워야 하나. 은퇴를 꿈꾸며 일하는 사람이 많다. 그러면서도 과연 은퇴하고 무엇을 할 것인지에 관한 고민은 많이 하지 않는다. 고작 은퇴 후에 여행 다니고 골프 치고 등이 대부분일 것이다. 그런 것을 하려고 젊음을 다 바치기에는 시간이 아깝다. 그러나 지금부터 은퇴자라고 생각하고 자기가 좋아하는 것들을 찾고 즐기며, 그것으로 돈을 벌든

벌지 못하든 취미나 비즈니스가 되는 삶을 미리 연습하는 것이 좋다.

보통 사람들은 비즈니스의 목적은 돈을 버는 것이라고 한다. 그러나 나의 비즈니스의 목적은 경제적인 자유와 시간을 벌어서 내가 하고 싶은 사역들을 하는 것과 내 비즈니스 과정에서 하나님에게 그 영광을 돌리는 것이다. 경제적인 자유란 내가 하고 싶은 것들을 할 수 있는 경제적인 뒷받침이다. 그렇다고 해서 사치나 명품을 사기 위한 부를 말하는 것은 아니다. 또한, 나는 시간이라는 가치를 벌기 위해서 비즈니스를 한다. '직장에서의 9 to 5'와 같은 물리적 시간의 대가로 돈은 받는 것이 아니라 불필요한 일들을 줄이고 내가 하고 싶은 일을 하고 싶을 때 하는 것을 의미한다.

요즘 목회자들은 사역할 곳을 찾지 못해 애를 먹는 경우가 많다. 기독교인은 점점 줄어드는데, 신학교를 졸업해서 사역지를 찾지 못하는 사역자들이 너무 많다. 앞으로 목회자와 평신도의 경계가 무너지리라는 생각이 든다. 목회자의 이중 겸직은 시대의 요구이기도 하다. 또한 이는 성도들의 일터에서의 삶을 이해하는 데 있어서도 필요하다고 생각된다.

나도 경제적 자유와 시간 여유가 생기면 BAM 사역, 일터 사역, 새로운 교회의 실험, 경제 신학 연구 등의 활동을 하고 싶다. 그러기 위한 도구로써 비즈니스가 필요하다. 그리고 내가 BAM 모임을 하면서 항상 강조하는 것은 과정도 중요하다는 것이다. 크리스천으로서 이해 관계자들[종업원, 고객, 주주, 벤더(vendor)들, 정부 기관 등]을 주를 섬기듯이 섬기는 것이다.

요즘 기업들에는 사회적 책임과 함께 환경적 책임도 중요한 역할로 요구된다. 크리스천 기업들이 주로 약한 것이 사회적, 환경적인 책임이다. 그것을 건너뛰고서는 사람들에게 영적인 영향력을 주는 게 쉽지 않다. 크리스천 기업들은 세상 사람들보다 한 단계 더 윗 단계의 기준으로 기업을 운영할 필요가 있다.

사회적·환경적·영적 책임

내가 경영학 박사를 공부했을 때, ―비록 논문을 쓰다가 포기하고 학업을 중단하긴 했지만 나름대로 많이 배웠다― 나는 기업의 사회적 책임과 지속가능성(Sustainability)을 전공으로 공부했다. 기업의 목적이 무엇인가에 대해서는 아직도 많은 학자 간의 논란이 있다. 그 논란의 중심에는 '기업이 사회적인 책임이 과연 있는가?'라는 질문이 있다. 나는 기업에 사회적인 책임이 있다고 믿는다. 기업의 성장과 존재가 사회와 유기적인 관계를 형성하고 있기 때문이다.

크리스천 사업가들에게도 비즈니스의 목적이 무엇이냐고 물으면 누구나 돈을 버는 것이 목적이라고 답한다. 맞다. 비즈니스도 생존해야 하므로 당연히 목적이 될 수 있다. 그러나 요즘은 대부분의 사람이 기업에는 사회적인 책임과 환경적인 책임이 있다고 한다. 대표적으로 'Toms Shoes'나 'Zappos' 등의 기업을 보면 사회적 이슈들을 기업의 목적 중 하나로 설정해 놓았다. 국내에서는 SK가 제일 많이 적극적으로 사회적 책임을 외치고 있다. SK의 최태원 회장이 크리스천이 된 이후로 더 적극적인 것 같다.

크리스천들은 이러한 목적 위에 목적이 하나 더 있다. 그것은 영적인 영향(Spiritual Impact)을 주어야 한다는 것이다. 다음의 그림처럼 우리는 하나님 나라를 위한 수단으로써 비즈니스를 좀 더 큰 관점에서 이해할 필요가 있다. 단지 먹고 살고 헌금하기 위한 수단을 넘어서서 비즈니스를 통해서 이 땅에 하나님의 나라를 확장해야 한다.

크리스천 기업의 목적 → 이윤 → 사회적·환경적 책임 → 영적 영향력 → 이 땅에 임하는 하나님의 나라

많은 사업가가 돈은 벌었으나 시간은 벌지 못하는 상황을 보았다. 미국 이민 생활자들을 보면 엄청나게 고생해서 사업을 크게 운영하고 좋은 집에 좋은 차를 타고 있지만, 일주일 내내 일하는 경우도 봤다. 나이가 들어 은퇴를 원했지만 암으로 죽거나 하는 경우도 있고, 큰 집을 소유했지만 일 때문에 집에 있을 수 없어 낮에는 멕시칸 가정부가 그 큰 집을 누리며 사는 경우도 보았다. 아이러니가 아닐 수 없다. 우리는 그 이상의 비전을 가져야 한다.

나의 컨설팅 비즈니스는 지금은 식품 위생 쪽이나 법규 분야에서 주로 매출이 발생하지만, 사회적 책임에 대한 컨설팅 분야로도 확장을 계획 중이다. 다행히 이쪽에도 인증 분야들(Social Audit 등)이 생겨서 문의는 오고 있으나 아직 새로운 분야이고 한국 기업들은 아직 이쪽 분야에 선뜻 돈 쓰기를 주저하고 있다. 그러나 나는 나의 비즈니스가 사회적 책임 관련 분야로도 확장되길 원하며 우리 회사가 사회에서 필요한 기업이 되는 것이 나의 꿈이다. 아직은 파트타임으로 직원을 두고 있지만, 그들 또한 나의 이해 관계자로 고객보다 만족시켜야 할 대상이다. 이것은 앞으로 나의 숙제이다.

  나는 전에 'So Cal Bammer'라는 비즈니스 선교 모임의 총무로서 하나님을 섬길 때, 비즈니스를 통해서 선교사들과 프로젝트를 진행하거나 구제 사역 등의 비전을 꿈꾼 적이 있다. 또한, 오래전에는 아이티에서 한 선교사님을 도와서 난민촌에서 비즈니스 창업 강의를 진행한 적도 있다. 이처럼 나의 재능(talent)과 시간, 노력을 이런 사역에 쏟는 것이 내 꿈이며, 지역에 있는 크리스천 사업가들을 일깨우고 교회 담장 안의 신앙을 뛰어넘어 세상에서 담대한 평신도들을 교육하려는 비전을 가지고 있다.

Work & Faith Laboratories

한편으로, 예전 교회에서는 청장년을 대상으로 일터에서의 삶이라는 강의를 8주 동안 진행한 적이 있다. 평소 목사님들에게서 듣지 못했을 법한 내용을 강의해서 그런지 반응이 좋았다. 신앙이라는 이론은 실제 생활에 적용하려면 큰 간격이 있어서 쉽지 않다. 목사님들 또한 잘 모르시는 부분도 있고 신학적으로도 연구가 많지 않다. 현재 나는 'Work and Faith Laboratories'라는 1인 연구소를 만들어서 경영·경제·신학의 공통 분야를 연구하고 평신도들을 위한 교재 개발과 교육 사역을 하고 있다. 앞으로 기회가 되면 전 세계 어디라도 강의와 교재 배포를 통해 이 분야에서의 사역을 계속해 나가고 싶다.

아이티_ 오래전에 아이티에 선교가서 난민들에게 비즈니스 강의하는 모습을 찍은 사진이다. 앞으로 나의 계획은 사회적 활동을 비즈니스 포트폴리오에 넣는 것이다. 그리고 BAM 프로젝트 또한 진행하는 것이다.

한국의 갑질 문화

나는 주로 고객들이 미국에 있기 때문에 소위 '갑질'을 당하는 경우가 거의 없다. 미국 고객들도 많고 미국에서 오래 비즈니스를 한 탓에 전문가에게 컨설팅하면 대체로 그를 존중하는 사회 분위기 덕분이다. 그러나 요즘 한국 기업들과 일을 진행하다 보면 가끔 갑처럼 행동하는 회사도 있고, 계속 무료 컨설팅만 받으려 하고 계약은 하지 않는 고객도 생긴다. 그리고 계약 시간 외에도 너무나 많은 것을 의뢰하는 고객들도 있다. 비즈니스 초창기에는 그런 고객들을 받았으나 지금은 가려서 받는다.

간혹 아직도 뉴스에 나오는 고국의 갑질 기사들을 보면 할 말이 없다. 사장이 직원에게, 대기업이

하청 업체에, 최근에는 한 지자체에서 온 공무원이 미국 현지인에게 성 접대하는 곳을 데려가지 않았다고 폭행한 사건까지 보면 참 어이가 없다. 미국에서는 거래처 간에 평등한 관계가 유지된다. 을이라는 개념이 약하다. 계약자를 종처럼 부리지 않는다. 그러나 한국에는 아직도 그런 문화가 남아있다는 것이 안타깝다. 아랫사람을 동등한 인격체로 대하고 공감해 주는 능력이 있는 리더가 많이 없다는 것이다. 이런 사람은 엘리트주의에 빠져서 자기만 잘난 줄 알고 공감 능력은 부족하다. 특히 요즘 한국 고위 공무원들이나 의원들이 미국에 와서 한국에서 하듯이 추태를 부리는 것을 보면 참 한심하기 짝이 없다.

미국에 살다 보면 영어라는 언어 자체의 평등성과 미국의 가치 중 하나인 평등이라는 전제 덕분에 위아래의 권위적인 문화가 덜하다. 그러나 한국 사회는 아직도 갑질 문화가 팽배하다. 크리스천 기업, 크리스천 직장인부터 섬기는 대상을 교회 안에서뿐만 아니라 일터로도 확장하는 일을 실천할 때인 듯싶다. 내가 돈을 주고 일감을 주는 것이 아니라 오후 5시에 포도원 일꾼을 부르는 주님의 마음처럼 종업원들, 하청 업체들, 기타 이해 관계자들을 섬기는 경영인이 많이 나와야 한다.

창의성은 안식에서 나온다

인류가 무언가를 발명하면서 기술을 발전시켜 온 동기에는 인간의 게으름이 존재한다. 좀 더 편해지기 위해 인간이 덜 노동하고 움직이려 한 것이 그 바탕이다. 또한, 너무 바쁘고 무언가에 쫓기다 보면 시야가 좁아진다. 오히려 게을러져서 만사가 귀찮을 때 효율적으로 일하는 법이 생각나고 쉴 때 일상이 보이며 생각나지 않던 비즈니스 아이디어가 떠오를 때가 많다.

한때 창의 경제니, 창의적 혁신이니 하며 정부나 기업들이 표어를 달고 창조와 창의를 머리에서 쥐어 짜려고 했는데 이는 우스운 일이다. 창의나 창조는 어떤 강박감이나 틀 안에서 나오는 것이 아니다. 그보다는 경계가 없고 인간이 느슨해질 때 나오는 결과이다.

그러려면 많이 쉬고 놀아야 한다. 흔히 우리는 게으름을 악으로 생각한다. 『개미와 베짱이』 동화에서 베짱이는 나쁜 아이로 묘사되는데, 이제는 개미처럼 일해도 일한 만큼 돌아오지 않는 세상이다. 아직도 학부모들은 자녀들이 공부를 열심히 해서 좋은 대학에 들어가고 좋은 대학에 가서 좋은 직장 잡기를 원하지만, 이는 기존의 패러다임이다.

이제는 놀던 백수가 유튜버(Youtuber)로 대박 나서 떼돈을 벌고 자기의 취미로 돈을 버는 시대가 왔다. 그러려면 성실, 노력 이런 단어로는 안 된다. 성실과 노력에도 방향이 필요하다. 자기의 개성 없이 남들이 가는 방향으로만 열심히 노력해 봐야 언젠가 내가 이 길을 왜 왔나 하는 생각만이 들 것이다.

그리스의 철학, 노자, 공자 등이 어떻게 나왔나. 자의든 타의든 그들은 놀고먹던 계층이다. 할 게 없어서 만든 것이 예술이고 철학이며 문학이다. 이제

공장에서 찍어내는 하드웨어들은 일부만 그 분야에서 일해도 된다. 그 외의 나머지는 자기를 즐겁게 하고 남을 즐겁게 할 것을 고민해서 아이디어를 내는 것이 사업이 될 것이다. 그러려면 잘 쉬어야 한다. 하나님이 세상을 창조하시고 제7일에 안식하셨던 것처럼, 일 자체가 목적이 아니라 안식을 위한(즐기기 위한) 것으로서의 일이라는 관점으로 생각해 보아야 한다. 특히 한국 사회에서 남자들은 무조건 바빠야 좋다고 생각하는 경향이 있는데, 이는 다시 한 번 생각해 봐야 한다.

나는 미국에서 직장을 6개월 동안 쉰 적이 있다. 그때도 주체할 수 없을 정도로 남아도는 시간 때문에 정말 죽는 줄 알았다. 책을 읽어도 시간이 남고, 혼자 산책해도 시간이 남았다. 그 시간을 채우기 위해 글도 쓰고 평생 해 보지 못했던 생각도 하고 그랬다. 그 결과, 더 '나'를 찾을 수 있었고 이것들이 현재의 비즈니스에 좋은 밑거름이 되고 있다. 오래 가려면 가끔은 게을러져야 한다.

예수님 또한 사역하는 중간마다 가끔 혼자 있는 시간을 좋아하셨다. 5천 명을 먹이시고 그들과 계속 지내시지 않고 혼자만의 시간을 가졌다. 쉬는 동안에는 쉼과 기도를 통해 영적 공급을 받고 다음 사역을 준비하셨을 것이다. 안식의 의미를 그냥 율법적인 요소로써 이해하고 주일 성수를 하는 것이 다가 아니다. 이는 실제로 여러분의 삶과 비즈니스를 위해 하나님이 고안하신 장치다.

게으름의 집중력

나는 원래 멀티태스킹(다중 작업)에 강한 사람이다. 미국에 이민 와서 십 년 이상을 공부와 대학원, 박사 과정을 하느라 —사실 애들도 어렸고 교회 관련 일도 열심히 했다— 어떻게 이민 생활을 보냈는지 기억조차 나지 않는다. 일도 멀티태스킹을 즐기는 편이다. 그러나 요즘은 컨설팅과 관련하여 여러 프로젝트가 있어 멀티태스킹을 즐기는 나로서도 일하다 보면 일의 진행을 까먹기도 해서 효율이 안 생길 때가 있다. 그러다 보니 손이 많이 가는 일들은 밀려있고, 새로 영업하거나 사람을 만나느라 출장을 가거나 하면 그런 일들이 더 밀리기 일쑤다. 이런 일들은 내가 고용한 파트타임 직원들이 할 수 있는 일들이 아니라 결국 내가 해야 하는데, 신기한 것은 프로젝트 마감일을 앞두게 되면 폭발적인 힘이 나온다는 것이다.

나는 학교 다닐 때도 보통 미리 공부하고 되려 시험 전날에는 일찍 자는 편이었다. 그러나 요즘엔 일을 차일피일 미루다 날을 잡고 하루 동안 집중해서 끝내버리는 경우가 많다. 그것이 훨씬 효율적일 때가 많다. 역설적이지만 게으름이 효율을 낳는다.

물론 이런 게으름은 그동안 신앙생활을 하면서 선택과 집중을 연습해 온 결과이다. 나는 주님이 보시기에 본질적이지 않으리라 생각하실 만한 부분에는 시간을 많이 들이지 않는다. 비즈니스를 하다 보면 너무 많은 계획과 염려가 생기는데, 나는 여기서 많은 부분을 내려놓았다. 즉, 큰 흐름만 생각하고 디테일한 부분은 '성령님이 이끄는 비즈니스'를 하고 있다. 그러므로 난 더 시간이 많이 생기고 그 시간에 나의 전문성과 영적 생활, 지적 생활에 더 시간을 할애할 수 있다. 이는 결과적으로 선순환이 되어서 더 많은 고객과 이윤을 창출한다.

나는 말이나 행동이 느린 편이다. 그러나 일할 때는 빨리하는 스타일이다. 역설적이지만 어떤 부분에서는 속된 말로 '귀차니즘'에 해당하는 카테고리에서는 아주 게으르고, 성질이 급한 분야에서는 무척 급한 편이다. 모든 것을 귀찮아하는 것도 위험하다. 선택과 집중의 미묘한 차이를 이용해야 한다. 나는 일을 분류하는 방법을 선택했다. 초집중의 영역이 있고 이외의 우선순위에서 밀려난 것은 게으름 영역에 들어간다. 그것은 개인 취향이라 여러분들이 선택해야 하지만, 비즈니스의 경우에는 더욱 신중히 선택해야 한다.

비즈니스에서도 유독 손이 많이 가고 요구를 많이 하는 고객들이 있는데 그런 고객들은 게으름의 영역에 넣고 마음을 비우는 게 낫다.

요즘 경영의 화두는 'Agile'이다. 한국말로는 '민첩한'으로 번역하면 적합할지 모르겠다. 시장의 트렌드가 빨리 바뀌기 때문에 우리는 유연하게 움직여야 한다. 나는 이에 더해 'Lagile(게으름의 민첩성)'이라고 부르고 싶다. 카멜레온처럼 느리지만, 목표물이 생기면 혀로 빠르게 먹이를 낚아채는 민첩성. 계속 'Agile' 할 필요는 없다. 평소에는 힘을 빼고 있다가 기회가 오면 재빠르게 행동하는 것이다. 그렇게 'Lazy'와 'Agile'을 왔다 갔다 해야 오래갈 수 있다.

나는 출장이 잦아서 출장 중에 사람들을 만나거나 밀린 일들을 호텔에서 처리하느라 바쁠 때도 많다. 그러나 집에 돌아오면 될 수 있으면 사람도 안 만나고 쉬면서 책을 읽고 밀린 일들을 처리할 때가 많다. 항상 100m 달리기를 하듯이 모든 일에 전력 질주할 필요는 없다. 안식할 때는 안식하고, 뛰어야 할 때만 뛰는 것이다.

삶의 체험 현장_ 베트남 후꾸옥 출장 시 모습. 완전히 지역 주민 같다. 아름다운 섬이다. 평소에 선교로 다져진 몸이라 전혀 어색하지 않다.

성령이 이끄는 경영Management by Spirit

까짓것! 그냥 하면 되지!
- 두려움을 줄이는 법

무슨 일이든 계획을 짜고 미리 상상할 필요는 없다. 그 계획과 가정들은 하루 만에 바뀔 수도 있다. 중요한 것은 'Comfort zone'에서 나와서 실행하는 것이다. 나는 한국에서 학생 때 선생님 앞에 줄을 서서 몽둥이를 맞은 적이 있다. 맞을 때보다 오히려 맞기 전이 제일 무섭다. 남이 맞는 것을 보는 것 자체가 고통이다. 맨 뒤에 서 있는 사람은 타인의 고통까지 공감하며 온몸으로 자기의 몸처럼 그 고통을 느낀다. 그러니 "매도 제일 먼저 맞는 게 낫다."라는 말은 그냥 나온 게 아니다. 맞아 보면 고통은 잠깐이고 맞은 후에는 줄을 서서 고통을 상상하는 애들을 보면서 되려 희열을 느낄 때가 많다.

인생을 살다 보면 그런 것들이 한두 개가 아니다. 사람들은 '군대에 어떻게 다녀오나?', '아기는 어떻게 낳나(비록 나는 남자지만)?', '어떻게 가장이 되나?' 등의 여러 문제를 상상임신처럼 늘 걱정하면서 산다. 내 개인 이메일 주소 앞의 아이디는 'nofearljc'이다. 인생을 살면서 오죽했으면 아이디를 그렇게 지었을까. 그러나 우리가 걱정하는 일들은 실제로는 거의 일어나지 않는다.

공포는 우리가 미래의 일을 예측할 수 없을 때 온다. 그러나 모든 일이 하나님의 섭리하에 이루어진다고 생각하면 모든 경우의 수도 덤덤히 받아들이는 자세가 생기고 공포심을 줄일 수 있다. '내가 하는 일들이 잘못되면 어떻게 하나?'에 미리 발목 잡힐 필요가 없다. 설령 실패하더라도 적어도 교훈을 얻을 수 있다. 그리고 그것 또한 나중에 큰 자산이 된다.

성령이 이끄는 경영Management by Spirit

"그런즉 너희는 먼저 그의 나라와 그의 의를 구하라 그리하면 이 모든 것을 너희에게 더하시리라. 그러므로 내일 일을 위하여 염려하지 말라 내일 일은 내일이 염려할 것이요 한 날의 괴로움은 그날로 족하니라(마태 6:33~34)"

"무식하면 용감하다."라는 말이 있는데, 차라리 무식해서 일을 저지르는 것도 좋다. 너무 많이 알면 저지르지 못하는 것들이 많아진다. 인생은 많이 안다고 해서 반드시 잘살게 되는 것이 아니다. '까짓 것, 그냥 하면 되지!' 정신으로 하면 된다. 나머지는 주님이 인도하신다. 크리스천은 비즈니스가 실패해도 하나님은 실패하지 않으시는 분이시고 모두 주님을 사랑하는 자녀에게 합력하여 선을 이루시는 능력이 있기 때문이다.

살아남는 자가 강한 것이다

요즘은 비즈니스를 오랫동안 유지하기가 힘들다. 전 세계 10대 기업들도 10년 안에 거의 다 바뀌었다. 사업의 수명이 짧아졌다. 나의 계획이 5년, 10년 뒤에도 성공하기가 그만큼 어렵다는 것이다. 그래서 'Agile', 민첩성이 중요하다. 변화를 받아들이고 그때그때 상황에 따라 빨리 변화하는 것이 중요하다.

나의 경우에도 미국 식품 공장 매니지먼트로 근무한 경험을 바탕으로 식품 관련 FDA 컨설팅을 시작하면서 많은 시도를 해 보았다. 그 시도 중에서는 내가 의도한 대로 되지 않았던 경우가 더 많았고, 지금 많은 매출을 일으키는 분야들은 내가 전부 다 계획한 것도 아니었다. 그리고 내가 거래하길 원했던 회사보다는 생각지도 않았던 거래처들이 더 많다.

소 뒷걸음치다가 쥐 잡은 격의 비즈니스라고 할까. 아무리 내가 경영학 석·박사를 공부했어도 이론만 써먹으며 사업을 하기엔 비즈니스 환경의 변화가 너무 빠르다. 영어로 'Play by ear'라고나 할까, 그야말로 상황에 따른 비즈니스이면서 재즈와 같은 비즈니스다. 나는 이것을 '성령이 이끄는 경영'이라고 부르고 싶다. 그러나 때로는 그게 묘미이다. 내가 예측한 대로만 되면 과연 재미가 있을까? 그것보다는 예측하지 못했던 고객이 생기고 예측하지 못했던 비즈니스 모델이 생기는 것이 사업의 묘미이다.

보통 비즈니스를 하면 3년 안에 그중 반이 망하고 6년 안에 다시 이런 식으로 그중 반이 생존한다는 통계가 있다. 나의 경우, '10년을 버티게 해 주세요.' 뭐 이런 식으로 기대하지는 않는다. 그저 길어야 1년 정도를 바라본다. 올 한 해 매출이 1년만 채워져도 나는 만족한다. 내 비즈니스는 보통 프로젝트 베이스이고 몇 달씩 걸리므로 1년 치 매출을 달성하면 새로운 영업에 그다지 힘을 쏟지 않는다. 그러다 보면 여유가 생기고 새로운 비즈니스 모델도 생각나며 다른 비즈니스 모델을 위해 내부 역량을 키우려 교육도 하고 책도 읽게 된다.

어떻게든 버티면 된다. 혹 비즈니스가 잘 안되면 중간에 아르바이트도 할 수 있고 계약직으로 잠시 일할 수도 있다. 중요한 것은 생존이다. 내 비즈니스가 항상 성공한다는 생각을 버려야 한다. 어느 영화의 대사처럼 강한 자가 살아남는 것이 아니라 살아남는 자가 강한 것이다. 그러려면 인내가 필요하고 훈련이 필요하다.

> "그러므로 형제들아 주께서 강림하시기까지 길이 참으라 보라 농부가 땅에서 나는 귀한 열매를 바라고 길이 참아 이른 비와 늦은 비를 기다리나니(야고보서 5:7)"

작게 시작해 보기

내 주변에는 창업을 고려하는 분들이 많다. 대부분 나이가 40대 후반이라 회사에서의 미래가 불확실하기 때문이다. 그런데 당장 창업할 자본도 없고 생활비도 여유분이 없다. 특히, 이민자의 생활은 더하다. 그렇다면 그 상황에서 할 수 있는 일은? 결국, 그동안 자기가 쌓아온 경력이 제일 유용한 자산이다. 마케팅, IT 등 기존에 일하던 곳에서 창업하면 된다.

주님이 일하시는 방법은 우리가 상상할 수 없는 방법이다. 나의 경우도 그랬다. 새 법이 개정되면서 한인 중에는 나와 같은 경험과 지식을 가진 사람이 드물었다. 지식 창업이라 돈도 들지 않았다. 세상의 방법처럼 돈과 사람에 의지하지 않아도 하나님이 길을 열어 주신다. 그리고 처음부터 완벽하게 잘해야 할 필요도 없다. 시작은 미미해도 그 분야에 전문성을 가지면 된다. 다윗이 물맷돌 하나로 골리앗을 잡았듯이, 물맷돌 하나만이라도 제대로 준비해 보자.

나는 돈이 없어도 창업하는 것을 추천한다(『나는 자본없이 먼저 팔고 창업한다』라는 책을 추천한다). 내가 아는 분은 대기업에서 마케팅을 담당하는데, 나는 그분에게 일단 미국 시장에 제품을 마케팅하는 것을 부업으로 해 보라고 하였다. 결혼하여 자녀들이 있는 가장으로서는 모아놓은 돈이 많지 않으면 당장 직장을 그만두고 새로운 일을 시작하기가 쉽지 않다. 홍보 수단은 블로그를 이용하고 콘텐츠를 만드는 것이다. 언젠가 매출로 컨설팅이나 브로커리지(Brokerage, 위탁 매매) 이득이 생기면 회사를 그만두기 전에 좋은 연습이 될 것이다.

요즘은 홍보, 마케팅 수단을 편하게, 손쉽게 사용할 수 있다. 블로그나 SNS, 유튜브는 돈 없이도 이용할 수 있는 좋은 수단이다. 양질의 콘텐츠만 있으면 입소문은 저절로 난다. 나의 경우에는 네이버 블로그에 글을 계속 올리고 있고, 관련 업계 신문에 계속 기획 기사나 칼럼을 게재하여 고객을 유도한다. 요즘은 온라인 웨비나(Webinar, 온라인 세미나)를 열어서 미국에 있지만, 한국 고객들과 교류하고 이것이 곧 매출과도 연결된다.

미국과 전 세계에 진출하기

나는 미국에서 비즈니스를 하므로 전 세계 사람들이 나의 고객이다. 한국에 있는 한국 회사는 그중 일부이고 미국, 캐나다, 중국, 일본, 베트남, 중남미, 유럽 등 고객들이 다양하다. 요즘엔 한 가지 특출난 제품이나 서비스가 있으면 전 세계로 사업 무대의 확장이 가능하다.

나는 세계적인 홍보를 위해 구글 애드워즈(Adwords)를 사용한다. 핵심 키워드를 설정하고 모니터하면서 효율적으로 홍보할 수 있다. 매달 300불씩의 예산을 내지만, 그 이상의 효과를 보여 준다. 전 세계 고객들이 내 홍보물을 보고 나에게 연락한다. 나의 비즈니스는 미국의 식품 관련 FDA라 새로 생긴 법을 준수하기 위한 전 세계의 식품 수출 기업들이 잠재 고객이다.

나 같은 경우에는 외국어를 좋아해서 여러 가지 외국어를 구사하지만, 굳이 외국어를 못 해도 상관이 없다. 요즘은 구글 번역기의 성능이 좋아져서 웬만한 내용은 글로 의사소통할 수 있다. 이메일로 소통하는 데는 전혀 문제가 없을 것이다.

전 세계를 상대로 하는 또 하나의 비즈니스는 아마존 비즈니스다. 이것으로 돈을 버는 사람들이 많다. 독특한 아이템만 있으면 한국에서 미국으로 물건을 파는 것이 쉬워졌다. 또한, 미국뿐만 아니라 전 세계에 물건을 팔 수 있다. 이제는 유통 및 마케팅이 그렇게 어렵지 않다. 혼자서 다 가능하다. 못하는 부분은 위탁하면 된다. 제품이나 서비스가 독특하다면 적극적으로 도전하길 권한다.

가족들과 여행 다니면서
일하고 선교하기

　내 비즈니스의 장점은 미국과 전 세계에 고객들이 흩어져 있다는 점이다. 고객들을 방문할 때 나는 아이들이 방학 기간이면 주로 가족들을 다 데리고 간다. 어차피 그 지역에 일부러 돈 내고 여행을 가느니 같이 가면 호텔비도 절약하고 여행 경비도 경비처리할 수 있어서 좋다.

　보통은 열심히 일하고 돈을 모아서 은퇴하면 그 돈으로 여행을 가는 것이 사람들의 꿈이다. 그러나 인생은 짧고 애들은 금방 커서 나이가 들면 가족여행을 마음대로 가기 힘들 수도 있다. 당장 여행 갈 수 있을 때 가족과 함께 여행을 가라. 일과 엮어서 가면 경비도 줄일 수 있다. 그 지역에 기존 고객이 없더라도 명분을 만들 수 있다. 신규 고객을 만나볼 수도 있다.

시간이 있으면 돈이 없고, 돈이 있으면 시간이 없다는 딜레마에 빠지지 말고, 출장이 여행이 되게 하면 좋지 않은가. 나는 이렇게 해서 가족들과 여행 다닌 곳이 꽤 된다. 미국 내에서는 다른 주에 여행 가는 것이 쉽지 않은데 이미 여러 곳을 다녀왔고, 캐나다, 중국, 한국 등에도 다녀왔다. 앞으로도 유럽, 일본 등 가 볼 곳이 많다. 가족과 가니 워라밸(Work and Life Balance, 일과 삶의 균형)이 따로 없다.

그리고 선교를 같이 접목할 수도 있다는 장점도 있다. 나는 전 세계에 고객이 있으므로 해당 국가 출장과 선교를 접목할 수가 있다. 예전 교회에서는 선교부장으로 있으면서 캄보디아에 출장 갈 때는 선교사님을 만났고, 작년 여름에는 한국 출장 일정과 맞춰서 가족들과 중국에 단기 선교를 다녀왔다. 아주 좋은 경험이었다. 우리 가족이 선교팀의 중요한 부분을 맡아서 완수하였고 아이들에게도 좋은 기억으로 남았다. 아이들은 여전히 또 가족들과 선교 가기를 원한다.

우리 집은 아이들이 중·고등학생이라 이제 대학에 입학하면 같이 시간 맞추기도 힘들 것이다. 이것도 한때다. 지금 즐길 수 있을 때 즐기는 것이 좋다. 책상 앞에서 공부하는 것보다 새로운 환경에서 다양한 경험을 하면서 다양한 사람들의 삶도 보고 시야를 넓히는 것이 아이들에게도 중요한 자산이 되리라고 생각한다.

그리고 나는 남들이 휴가 갈 때 여행 가는 것을 제일 싫어한다. 남들이 놀러 가지 않을 때 가서 한가하게 구경하는 것이 좋다. 성수기에 붐비는 곳을 다녀오면 휴가가 아니라 지옥이다. 이 또한 여유 있게 비즈니스를 운영해 온 나의 철학이다.

단기 선교 때 가족들과 같이 상하이에서 찍은 사진.

오늘 일은 오늘만 걱정하기

사람들의 걱정은 한도 끝도 없다. '갑자기 사고라도 나지 않을까?', '내 비즈니스가 어떻게 되지 않을까?' 등 각각의 걱정이 꼬리에 꼬리를 문다. 그러나 오늘 걱정은 오늘의 걱정으로 족하다. 하늘을 나는 새들과 백합화가 내일의 걱정을 하는가. 우리는 일어나지 않을 걱정을 당겨서 하는 경우가 많다. 그냥 한 걸음씩 묵묵히 오늘 하루를 채우면 된다.

사람이 걱정이 많으면 시야가 좁아진다. 무언가를 걱정할수록 그 걱정은 사람의 신경을 마비시킨다. 넓은 것을 보지 못하게 한다. 그럴 때일수록 큰 그림을 보고 털고 일어나야 한다. 나는 원래 걱정이 많은 사람이었다. 내일 무슨 일이 있으면 미리 계획을 세우고 걱정하느라 잠을 설치는 타입이었다. 그러나 결혼 후에 아내가 천하태평의 자세로 내일 지구가 멸망한다고 할지라도 여유 있게 지내는 모습을 보고 많이 배웠다. 그리고 결국, 아내가 훨씬 스트레스도 적게 받고 하는 일도 잘되는 것을 몸소 보았다. 내가 아무리 걱정하고 미리 계획을 세워도 그럴 필요가 없다는 것을 깨달았다.

하나님은 우리가 오늘의 걱정만 하고 즐겁게 살기를 원한다. 미리 걱정하고 지구 멸망까지 걱정할 필요는 없다. 내일 일은 내일 걱정하면 된다. 장기 계획을 세우고 5년, 10년 뒤의 일을 걱정할 필요가 없다. 어차피 그대로 되지 않을 것이다. 다만 오늘을 열심히 살기로 하면 즐겁다. 오늘은 오늘 일어날 일들을 기대하고 맛있게 식사하고 하루를 즐기고 일을 즐기면 된다.

나는 미국에 살면서 히스패닉(멕시칸들이 주로 많지만) 사람들이 소박하게 사는 것을 보면 존경스럽다. 그들은 미국에서 여러 가지 3D 업종의 일을 하지만 그들의 꿈은 대단하지 않다. 그저 배불리 먹고 주말이 되면 파티하고 공원에서 바비큐를 먹으면서 보낸다. 가족적인 삶이다. 하루살이처럼 살지만, 행복지수는 높다. 그러나 미국에 사는 한인들을 보면 불쌍하다. 아메리칸 드림이라는 허상 속에서 뼈 빠지게 휴식도 없이 일하고 좋은 집에 좋은 차를 소유하지만, 그 대가를 감당하느라 허리가 휜다. 한국에서 보면 미국 교포들은 다 잘사는 것처럼 보이지만 실상은 그렇지 않다. 삶의 질이 훨씬 안 좋은 것을 자주 본다.

우리도 히스패닉처럼 그냥 하루하루 슬기년서 살면 좋지 않을까 생각한다. 우리가 생각하는 대부분의 걱정은 일어나지 않을 일에 대한 걱정이다. 그냥 베짱이가 되자.

협업의 시대

천국과 지옥을 비유한 이야기 중에서 죽으면 팔을 못 굽히게 만들어서 천국에서는 서로를 먹여준다고 하고 지옥에서는 서로 자기 입으로 음식을 넣으려 하지만 팔이 안 굽혀지니 못 먹는다는 이야기가 있다. 하나님은 세상을 서로 도우면서 살라고 세상을 디자인했다. 비즈니스 세계도 마찬가지다.

요즘은 혼자서 창업도 쉽지만, 그렇다고 해서 혼자서 모든 것을 다 할 필요도 없는 세상이다. 자기의 기능들이 모듈처럼 작용해 다른 사람들과의 협업(Collaboration)으로 시너지 효과를 낼 수도 있다. 물론 욕심이 많은 경우에는 협업이 익숙지 않다. 내가 잘나서 혼자 다 먹어야지, 나눠서 일을 같이하기가 쉽지 않다. 의견을 조율하는 것도 익숙지 않고 누구의 지시를 받는 것도 싫다.

그러나 요즘은 협업으로 여러 가지 제품과 서비스를 만들어 낼 수 있는 시대이다. 내가 굳이 다른 영역의 일들을 처음부터 다시 시작하지 않아도 된다. 요즘에는 산업체(Industry) 간에 협업으로 규모의 경제를 일으키는 경우가 있다. 나 같은 경우에는 미국 식품 규정 쪽을 전문으로 하므로 미국 쪽에서 마케팅을 전문으로 하는 분과 협업으로 미국 식품 진출 컨설팅도 모색 중이다. 그러면 더 많이 홍보도 할 수 있고 고객들도 한 번에 서비스를 받기 쉽다.

예전에는 자신의 약점이나 단점을 보완하고 강점을 강화해야 한다는 게 자기계발의 원리였고 경영 전략의 핵심이었으나 이제는 그럴 필요가 없다. 모자라는 부분은 아웃소싱하면 된다. 나는 핵심 역량만 가지고 그것을 더욱 확장하면 된다. 애플은 공장 없이 성공했다. 굳이 모든 것을 다 잘하려고 할 필요는 없다. 그래서 협업이 중요하다.

나는 내가 모든 분야를 다 컨설팅할 수 없으므로 관련 분야나 내가 잘 모르는 분야는 누군가와 협업을 한다. 소개해 주는 일도 있고 같이 진행하는 일도 있다. 그렇게 하다 보면 서로 도움이 되는 경우가 많다.

편집의 시대

나는 대학 시절에 과에서 편집부 학회 활동을 했다. 매일 술 마시고, 어려운 사회과학 서적을 읽고, 가끔 학회지를 만들기 위해 기획 회의를 한 후 놀러 다니곤 했던 기억이 난다. 지금 나는 편집자이다. FDA의 어려운 규정을 한국과 전 세계의 고객늘을 위해 내가 먼저 소화해서 먹기 편하게 밥상으로 차려 주는 일을 하고 있기 때문이다. 즉, 여기저기에 있는 정보들을 소비자들이 이해하기 편하게 편집하는 일을 하고 있다.

이제는 무에서 새롭게 유를 창조하는 것보다는 있는 것을 바꾸거나 합치는 능력이 더 중요해졌다. 나는 김정운 교수를 좋아한다. 그의 책 『에디톨로

지: 창조는 편집이다』라는 책에 많이 공감했기 때문이다. 이제는 백과사전적 지식을 암기할 필요가 없다. 네이버나 구글에 치면 다 나오기 때문이다.

창조하기 위해서 요즘에는 '통섭'이 필요하다. 나는 대학에서 화학 공학을 전공했고, 석·박사는 경영학을 전공했으며, 취미로 신학 공부를 하고, 인문학 등의 책을 주로 읽는다. 또한, 각종 자격증(취득한 것도 있고 실패한 것도 있지만, 미국 세무사, 부동산 라이선스가 있고 한국에서는 변리사를 4년이나 준비했다), 외국어(영어, 일어, 중국어, 스페인어) 등을 공부했다. 딱히 어느 것 하나로만으로는 먹고살지 못했다. 그동안 공부에 들인 돈으로 따지면 몇억 원은 될 것이다. 그러나 여러 분야를 경험하고 공부한 덕에 현재는 컨설팅을 하고 있다. 그리고 '통섭'적인 통찰력이 중요함을 깨닫는다.

현재의 복잡한 세상은 하나의 관점으로만 해서되지 않는 경우가 많다. 공학적으로 봐야 풀리는 것도 있고, 신학적으로, 사회학적으로, 문학적으로 등 여러 관점을 알아야 고객을 이해할 수 있고, 고객이 원하는 것과 필요한 것을 알 수 있다.

내 직업은 컨설팅업이기 때문에 무형의 서비스를 눈에 보이는 서비스로 만들기 위해서는 부단한 아이디어 창출이 필요하다. 내 분야의 전문성만 가지고는 비즈니스를 진행할 수 없다. 나의 경쟁자들을 보면 관세사, 변호사, 유사 컨설팅 업체 등이 있다. 그들이 하나씩만 갖춘 것을 나는 다 가지고 있다. 현장 실무 경력, 법을 이해하는 능력(변리사를 공부하면서 법을 공부했던 경험), 공학적·기술적 이해력, MBA를 통한 경영마인드 등이 모두 섞여서 내 서비스의 기반이 되고 나만의 경쟁력이 되는 것이다. 돌아보면 실패가 실패가 아니다. 물론 반대로 생각하면 성공이 성공이 아닐 수도 있다. 실패는 성공의 어머니이다. 단, 멈출 때, 그때가 실패다. 인생은 합력하여 선을 이루는 것이다.

은퇴 이후의 삶을 미리 살기

보통 사람들은 평생 은퇴를 꿈꾸며 산다. 60년 동안 은퇴를 준비하며 살다니…. 남은 20여 년의 인생을 위해 왜 60년을 희생해야 하나. 나머지 20년 동안에 하기 위해 은퇴 이후의 삶을 미뤄둘 필요가 있을까. 게으른 비즈니스를 하려는 나는 미리 은퇴 이후의 삶을 살고 있다. 평소에 좋아하는 책도 읽고 글도 쓰며 취미 생활이나 여행 등 하고 싶은 것은 되도록 다 한다. 아내와 낮에 장을 보러 다니기도 한다. 그렇다고 일을 안 하는 것은 아니다. 단, 내가 하고 싶을 때 한다. 될 수 있으면 놀다가 지칠 때 하려고 한다. 그래야 창의성이나 집중력이 높아지기 때문이다.

나는 한국에서 20~30년 동안 사회생활을 하며 전속력으로 질주하다가 막상 은퇴한 후에는 할 게 없어서 일할 곳을 찾는 사람들을 볼 때마다 안타깝다. 미리 진지하게 고민하고 제2의 인생을 준비하지 않으면 이제는 100세 시대를 살아갈 수 없다. 이제는 은퇴 이후의 삶이란 게 없을 수도 있다. 제2의 인생은 반(半)은퇴적인 삶으로 일도 하면서 자기가 진정으로 하고 싶은 것을 하는 것이다. 그러려면 젊을 때부터 여러 가지를 해 봐야 한다.

제2의 인생은 자식들이 본인의 품을 떠난 후가 되기 때문에 선교 사역이나 사회봉사, 혹은 의미 있는 일을 찾는 것도 좋다. 또한, 돈이 전부가 되지 않는 상태라 자신의 관심 분야로 눈을 돌려 일하기 좋은 타이밍이다. 모든 사람이 치킨집을 운영할 필요가 없다. 창의성과 다양성이 요구된다.

고등학교 때는 대학 입시를 걱정하고, 대학에 가면 취직 걱정, 취직하면 은퇴 준비…. 허무하다. 결국 그렇게 단물 빨리면서 살 거라면 왜 군이 초·중·

고등학교 학창시절 동안 뼈 빠지게 그렇게 사는지. 미국에 와 보니 이제 한국의 입시 제도를 보면 숨이 막힌다. 한국에서 초·중·고등학교 시절에 공부하느라 보낸 시간이면 미국에선 뭘 해도 성공할 것이다. 그러니 은퇴를 준비하려고 지금의 인생을 살지 말자. 그런 인생은 너무 재미없다. 죽으려고 사는 인생인가, 살려고 사는 인생인가. 뭔가 매일매일 설레는 삶을 살다가 가야지, 무작정 죽을 준비를 하려고 인생을 사는 게 무슨 의미인가.

한쪽에서는 일이 없어 굶어 죽고 다른 한쪽에서는 과로사하고

우리의 자본주의는 참 아이러니하다. 누구는 일이 없어서 굶어 죽고 누구는 일이 많아 과로사(過勞死)한다. 세상은 전 세계가 굶어 죽지 않을 만큼 음식 자원과 생활용품을 만들어 낸다. 그러나 그것이 제대로 분배되지 않을 따름이다. 공평하게 나누면 이렇게 다들 힘들게 일하고 살지 않아도 될 텐데. 그러나 그러한 제도는 이미 공산주의가 실험해서 망해 봤다. 결국, 공산주의도 대안이 되지 못한다. 물론 그렇다고 자본주의가 좋은 시스템이라서 살아남은 것은 아니다. 다만 자본주의는 인간의 이기심과 너무 잘 맞는 시스템이다.

성령이 이끄는 경영Management by Spirit

흔히 애덤 스미스의 '보이지 않는 손'이 자유 경제학파의 근원인 것처럼 이야기하지만, 애덤 스미스도 원래는 다 같이 잘사는 사회를 꿈꾸던 이상주의자이다.

하나님은 세상을 창조할 때 모든 인류가 다 같이 풍성하게 살 수 있도록 세상을 디자인했다. 그러나 우리의 탐욕으로 한쪽에서는 음식이 남아서 썩고 한쪽에서는 굶어 죽는다. 다른 게 죄성(罪性)이 아니라 바로 이런 것이 죄성이다. 구원은 저세상과 내세만을 위한 것이 아니다. 하나님은 여전히 소외되고 배고픈 자들을 향하고 있다. 이러한 뜻에 같이 따르려면 크리스천 비즈니스 맨들이 중요한 역할을 해야 한다. BAM 모임의 역할도 중요하고 창의적인 사회적 기업가들도 세상에 많이 나와야 한다. 나 또한 점차 그쪽으로 비즈니스 모델을 꿈꾸고 있다.

나는 앞으로 비즈니스 생태계에서 1인 기업가들이 많이 나오길 바란다. 1인 사회사업가도 좋다. 우리는 모든 것을 이룰 수 있는 잠재적 역량을 가지고 있다. 신은 인간을 창조할 때 우리가 꿈을 이루도록 충분한 자원을 만들어 주었다. 단지 우리가 그것을 사용하지 못할 뿐이다.

한국의 공시생들과 고시족들을 보며

나는 한국에서 변리사 공부를 4년이나 했다. 결국 잘 안 되어서 좌절하고 취직했지만, 연령 때문에 대기업에서 사회생활을 하지 않았다. 나름대로 똑똑하다고 생각했는데, 그냥 나에 대한 실망이 컸다. 아직도 전문직, 특히 한국에서 소위 말하는 '사' 자가 들어간 직업들을 보면 가끔 아쉬울 때가 있다.

고등학교 시절에는 친했던 친구들이 다 의대나 치대에 가서 나는 그냥 공대에 갔다(모두 다 의·치대에 가면 재미없지 않겠냐는 생각도 있었다). 그 뒤에 '아, 치대나 의대 갈걸.'이라고 문득문득 생각도 했다. 그래서 그런지, 한국에서 변리사 및 각종 '사' 자가 들어가는 직업을 가진 동기들이나 선후배를 보면 콤플

렉스가 있다.

그러나 최근에 종종 한국에 변리사, 변호사 등의 전문직들이 예전 같지 않다는 기사를 보거나 친구들의 얘기를 듣는다. 변리사도 예전 1990년대 중반에 소득 신고가 4억 원이라는 액수를 들은 사람들이 벌 떼처럼 몰릴 때가 호황이었다. 그러나 요즘은 그렇지 않다고 한다.

만약 내가 변리사나 의사, 치과의사가 되었으면 내가 만족을 했을까? 그렇지는 않을 것 같다. 나와 적성에 맞지 않는 직업이다. 돈은 많이 벌 수 있었겠지만, 지금 생각하면 안 되길 잘했다는 생각이 든다. 그것이 내가 미국에 이민 오게 만든 원인이었다. 그래서 한국에서 실패자로 시작했다가 망망대해에서 다시 시작했다.

인생은 우리가 원하는 타이밍에 이루어지지 않는다. 항상 때가 있다. 지금 돌아보면 변리사 공부 덕분에 내가 FDA 법률을 쉽게 공부할 수 있었고, 화공과 출신에 공장에서 근무한 경력, 미국 세무사 자격증, 미국 부동산 자격증, 외국어 공부 시도들(영어 외에 일어, 중국어, 스페인어)이 나를 이 분야의 전문가로 만들어 주었다. 우리의 계획보다는 하나님은 섭리로 우리를 인도하신다. 단, 나만의 이익을 위한 계획보다는 항상 하나님의 나라를 위한 나의 고민을 관찰하시는 것 같다. 그 발판으로 내 비즈니스도 만들어 주신 것이라 여겨진다.

미국에는 한국처럼 고시족들이 없다. 공무원들도 자격증 시험이 없고 다 경력 위주이다. 변호사들도 너무 많아 서로 경쟁한다. 한국은 너무나 많은 좋은 인력들이 박 터지게 경쟁한다. 한국인들은 모두 똑똑하므로 전 세계 어디를 다녀 봐도 다 잘산다. 굳이 국내에서만 박 터질 이유도 없고, 굳이 고시에만 매달리지 않아도 '세상은 넓고 할 일은 많다'.

기술의 발전과 잉여 인간

 요즘 4차 산업혁명에 대한 담론이 많다. 그러나 아직 4차 산업혁명이 교회에 미칠 영향에 관해서는 신학적인 연구가 활발하게 이루어지지는 않은 것 같다. 인간은 곧 신처럼 전지전능한 기술력을 가지게 될 것이고, 기술의 진보로 많은 사람의 일자리가 기계로 대체될 것이다. 그러면 인간은 무엇을 해야 하나. 그리고 우리의 아이들은 무엇을 준비해야 하나.

 기계는 영적인 우리의 능력을 가질 수 없다. 많은 기술을 익히고 있어도, 이를 제대로 쓰려면 영적인 능력이 중요하다. 기술의 발전에 있어 하나님이 원하시는 방향이 맞는지 항상 묻고 고민해야 한다. 그리고 교회는 기술의 발전으로 소외된 인간들을 위로 하고 보듬을 수 있는 대안을 고민해야 한다. 지난 몇백 년, 몇천 년 동안의 인간의 발전은 앞으로 10~20년 후에는 더 빠르게 바뀔 것이다. 이 시대야말로 영성이 중요하고 '성령이 이끄는 삶과 사업'이 필요하다.

점점 기술이 발달함에 따라 예전처럼 많은 인력이 이제는 불필요하게 되는 경우가 늘어난다. 4차 산업 혁명이 과연 일자리를 더 많이 창출할까, 혹은 줄어들게 할까 하는 논란이 많다. 중요한 것은 기존의 일자리들은 확실히 줄어든다는 사실이다. 업무의 효율성으로 인해 은행 직원들의 자리가 점점 없어지고 공장의 자동화로 인한 노동자들의 감소 등이 그 예다. 현재 한국에서도 최저 임금 상승으로 인한 무인(無人)점포의 증가 등 여러 산업 분야에서 일자리의 감소를 체감할 수 있다.

일자리가 감소한다면 남은 인간들은 무엇을 할 것인가? 돈이 많은 사람들은 걱정하지 않아도 되지만, 돈이 없는 사람은 어떻게 해야 하나? 결국 나는 내

일자리를 만드는 1인 기업이다. 1인 기업이라 칭한다고 해서 반드시 혼자서 일해야만 하는 기업은 아니다. 직원을 둘 수도 있다. 중요한 것은 얼마나 융통성 있게 사업을 진행할 수 있느냐다. 그리고 앞으로는 한 가지 일만으로는 먹고살기 지겨워질 수도 있다(물론 한 가지 일만으로는 경제적으로 부족할 수도 있다).

현재 한국에서는 일자리 창출을 위해 엄청난 재원을 풀어서 일자리 창출을 하려고 하지만 인위적으로 일자리를 창출하는 것은 한계가 있다. 옛날 미국에서처럼 뉴딜 정책을 통한 인프라 구축으로 경기를 부양하는 것도 한계가 있다. 정권의 경제 능력을 비판하기보다는 전체적인 산업 구조에서의 일자리 감소 현상은 4차 산업혁명과 맞물려 어쩔 수 없는 현실이다.

나는 한국에 갈 때마다 그래도 많은 가능성을 본다. 청년들은 취직이 안 되어 걱정하고 고시를 준비하는 고시생들이 많은 것이 우리나라의 현실이지만,

그래도 그 안에서 생존을 위해 발버둥 치고 새로운 실험을 하는 젊은이들을 많이 본다. 유튜버로 돈을 버는 사람들이 늘어나고, 책을 쓰는 사람이 늘어나고, 취미생활로 돈벌이하는 사람이 늘어나고, 아마존을 통해 미국에 물건을 파는 사람도 있다. 1인 창업 춘추시대이다.

이제는 창업이란 게 예전처럼 거창하게 자본을 들여 모든 리스크를 감수하면서 인생을 걸어야 하는 일이 아니다. 가볍게 실험적으로 해 볼 수 있는 사업이 많아졌다. 그렇지만 잘되면 그 성장 속도는 기존의 비즈니스에 비할 바가 아니다.

한국에서는 정년이 정해져 있지만, 미국은 나이 제한이 없다. 건강하기만 하면 계속 일할 수 있다. 한국의 경우에는 너무나 인력 낭비가 많다. 초·중·고등학교와 대학을 어렵게 공부해서 졸업한 후, 20~25년 정도 사회생활을 하면 벌써 수명이 다하고 폐물이 된다. 그러나 그동안 쌓인 그 사람의 노하우는 그 업을 계속하지 않으면 사회적 낭비이다. 어떤 일들은 계속 기술을 십렵해야 하지만, 어떤 분야는 노하우가 필요한 업이 있다. 그런 업들은 컨설팅업을 하기에 좋고, 책도 쓰고 강의하기에도 좋다. 혹은 그 경험으로 봉사하는 것도 좋고 할 것이 많다.

기술이 발전하면 인간이 편해지고 더 많은 여유 시간이 남는다. 그러나 사람들은 이 시간에 무엇을 할지에 대해서는 고민하지 않는다. 잉여 인간들이 앞으로 무엇을 할지 걱정도 되지만 희망도 많다. 조금 일하고 많이 놀고, 많이 상상하고 많이 시도해 보는 삶이 성공할 것이다.

잘 노는 사람이 일도 잘한다

나는 연세대학교를 졸업했다. 학교 자랑이라기보다는 그냥 연세대의 학풍이 좋았다. 나에게 서울대는 너무 고리타분하고 고대는 좀 시골스럽게 느껴졌다(서울대, 고대생들 죄송합니다). 그냥 연대의 이미지가 좋았다. 학교를 입학하고 보니 더 좋았다. 나는 92학번이었는데 경제도 호황이었고 오렌지족(서태지세대)도 이즈음에 출현했다. 가끔 선배들을 따라 데모하러 가기도 했지만, 여러 이데올로기와 문화의 다양성을 경험해 볼 수 있어서 아주 좋았다. 다들 자기 세대가 좋다고 하지만 지금 생각하면 내 세대는 복 받은 세대이다. 아직 IMF 전이라 취직이 잘 되어서 학교에 입학해서 공부해 본 적이 없었다. 매일 술 마시고, 미팅하고, MT 가고, 노는 것의 연속이었다. 연대생들이 잘 놀고 공부도 잘한다는 말이 맞는 것 같았다.

그때는 포스트모더니즘 담론도 나오던 시기였고(앞에서 말했던 '호모 루덴스'도 그때 들어봤다), 마광수 교수님의 교양 수업을 듣기도 했으며(수업 시간에 학생들에게 흡연해도 좋다는 말에 참 멋있다고 생각했다), 데모도 아직 이루어지던 시기였으며, 과 선배인 강신주(한국에서는 대중 철학자로 알려진 분이다)에게 담배를 배우기도 했다.

그때의 다양한 경험이 지금도 내 삶을 풍성하게 한다. 많이 놀고, 경험하고, 고민하고, 책을 읽은 경험이 내 삶을 더욱더 윤택하게 만들어 주었다. 이런 덕분에 나는 더욱 사람들을 이해하고, 지금까지 인생을 살아오면서 항상 생각하려 하고 고민하려 할 수 있었다. 특히 이민 생활에서, 처음에는 생존에 대한 치열함 때문에 그럴 여유가 없었지만, 나는 인간이 떡만으로는 살지 않는다는 것을 잊지 않았다.

인생의 근본에 대한 고민, 주변 사람들에 대한 관심, 내게 속한 사회와 미국이라는 현실 등 늘 인간답게 삶을 고민했다.

어렵사리 미국에서 직장 생활을 경험하고, 특히 미국 직장에서 인종 차별을 겪어 가면서 배운 삶의 경험은 소중한 자산이다.

잘 노는 사람이 일을 잘할 수밖에 없다. 놀이도 창의성이다. 놀이가 에너지를 만들어 주며 즐거움과 행복함이 효율을 높여 준다. 교회의 사역 또한 즐기면서 할 수 있도록 해야 한다. 사역은 인상을 쓰면서 번아웃될 때까지 해야 하는 것이 아니다. 놀이하듯 즐기며 사역하면 된다. 그것이 롱런의 지름길이다.

삶의 근본 먼저 찾기

 나는 크리스천이다. 결혼하고 교회에 다니다가 하나님을 만나서 지금은 열심히 믿고 있다. 결혼 전에는 불교 신자였고, 대학 시절에는 서양 철학과 동양 철학을 기웃거리면서 삶의 근원을 찾고자 노력했다. 나는 지금도 계속 성경을 읽고 신학책을 보며 묵상한다. 수양의 길은 멀고도 어렵다.

 내가 하려고 하는 얘기는 교회에 다녀도 진짜 자기가 어디에서 와서 어디로 가는지 생각하라는 것이다. 중요한 것은 인생의 근본을 고민하지 않으면 이 세상의 모든 것이 어느 순간 똥으로 보일 때가 있다는 사실이다. 이는 교회에 다니기만 한다고 해서 저절로 해결되는 것이 아니다.

나는 어릴 때 지금의 내 나이가 되면 모든 사람이 인생이 뭔지 알고 살 거로 생각했다. 그러나 막상 이 나이가 되어 보니 그렇지 않다는 것과 세상 사람 중에서도 아무 생각 없이 인생을 사는 사람들이 너무나 많다는 것에 놀라지 않을 수 없었다. TV를 봐도, 가요를 들어도 그런 것을 얘기해 주는 사람이 없다. 가요를 들어 봐라. 모두 다 사랑 얘기다. 모두 사랑만 하면서 인생을 사나?

열심히 공부하고, 열심히 직장 생활하고, 열심히 돈 벌고…. 그런데 '왜 사나?'에 대해선 고민이 인색하다. 비즈니스를 왜 하는지에 관해서도 그렇다.

비즈니스의 과정도 그 답을 찾는 길의 연장선에 있다. 하나님이 주신 'Higher Purpose'를 찾아야 한다. 그러면 개인의 철학이 생기고 그것이 곧 경영 철학이 된다. 내가 존경하는 피터 드러커는 그냥 경영 기술보다는 경영 철학을 전파한 분이다. 그러려면 영성이 있어야 한다. 영성은 'Spirituality'란 단어이다. 이 세상 너머에 있는 무언가 높은 의미를 찾은 사람은 이

땅에서의 라이프 스타일도 뭔가 다르다. 깨달은 자는 너무 돈이나 되지 않는 것에 집착하지 않는다.

특히, 비즈니스를 진행하면서 내가 제일 먼저 지키는 부분은 안식하는 것이다. 물론 크리스쳔으로서 주일에는 교회에 다니는 게 성경적이라고도 생각하지만, 우리는 실제로도 그렇게 디자인되어 있다. 쉬어야 내가 처한 환경들이 객관적으로 보이고, 쉬는 동안의 충전을 통해서 하던 일을 계속할 수가 있다. 도끼질을 계속하는 것보다는 쉬면서 도끼날을 가는 것이 좋다. 내 초등학교 동창이자 내 대학교 동문이기도 한 이윤성 PD(드라마 〈커피 프린스〉 연출자)가 대학생 시절에 꼭 일요일에는 집에서 쉬었던 기억이 난다. 그때를 생각해 보면 교회를 다니지도 않았던 그 친구는 그때부터 안식의 힘을 알았던 것 같다. 그래서 연출도 잘하나 싶다.

혜민 스님처럼 멈춰야 보이는 것들이 있다. 가끔은 멈추고 하늘도 보고 내가 걸어온 길도 돌아보며 한 템포 늦추고 가야 할 때가 있다. 게으름이 게으름이 아니라 내일을 위한 링거가 될 수도 있다.

성령이 이끄는 경영Management by Spirit

"부자 되세요."의 함정

지금 한국은 온통 부자 열풍이다. 한국 TV 프로그램을 틀어 보면 부자 재테크, 건강, 맛집 탐방 등이 대부분의 내용을 차지한다. 뭔가 머리가 아플 정도의 형이상학적인 추구는 없다. 부자 되기의 열풍은 언제부터인가? 아마 IMF 이후에 국가도, 사회도 아닌 각 개인이 스스로 살아남아야 한다는 사람들의 깨달음이 부자에 대한 갈망을 낳은 것 같다.

젊은이들이 건물주가 되는 것이 꿈인 사회. 참 안타깝다. 돈이면 다 된다는 이데올로기. 돈은 수단이지 목적이 아니다. 돈은 벌면 벌수록 끝이 없다. 그 유혹은 끝나지 않는다. '돈은 왜 벌어야 하고, 어디에 쓸까?'보다는 그냥 무작정 번다. 돈은 피다. 돈에는 남의 에너지가 쌓여있고 피와 땀이 녹아 있다. 나의 부 속에는 타인을 착취한 것이 있을 수도 있다.

크리스천이라고 해서 세상 사람들과 돈에 대한 가치관이 크게 다른 것은 아니다. 단타로 주식의 이익을 바라거나 부동산 차액을 통한 이익을 바라기도 한다. 단 신실한 크리스천이라면 거기에 나의 돈에 대한 탐욕이 있는지 봐야 하고 혹시 나의 이익으로 누가 피해를 볼 수 있는지 생각해 봐야 한다. 예수님조차 자기의 경쟁자로 돈을 지목하지 않았던가.

> "한 사람이 두 주인을 섬기지 못할 것이니 혹 이를 미워하고 저를 사랑하거나 혹 이를 중히 여기고 저를 경히 여김이라 너희가 하나님과 재물을 겸하여 섬기지 못하느니라(마태복음 6:24)"

부를 사용하는 데 있어서 어떤 선한 과정을 거치고 그 부를 어떻게 선하게 썼는지는 말하지 않는 게 우리의 현실이다. 미국의 거부들은 거의 다 비영리 재단을 세워서 그동안 자신이 번 돈을 사회에 환원한다. 돈이 많다고 갑질하는 경우도 거의 본 적이 없다. 부에도 책임이 따른다. 한국은 온통 무조건 부자가 되라고만 한다. 남을 착취하든 말든 말이다. 부동산 몇 채 더 사고, 경매하고…. 그것이 남의 눈물이 되는 것일 수도 있는데, 이러한 내용에 이 좁은 나라가 온통 열광하는 걸 보면 머리가 아프다.

나는 돈을 벌기 위해 비즈니스를 하지만, 천박한 자본주의나 물질주의는 싫어한다. 사회주의의 실패는 자본주의의 우월성 때문이 아니다. 결국 인간의 한계 때문에 자본주의든, 공산주의든 모든 주의는 완벽하지 않다. 물론 그렇다고 해서 현재의 자본주의의 문제점에 관해 무조건 함구하는 것도 아니라고 생각한다. 뭔가 선한 자본주의를 위한 시도는 해야 하지 않겠는가. 한국에서는 사회적인 기업들이 정부의 지원을 바탕으로 많이 생겨나고 있는 거 같다. 아무튼 크리스천 사회적 기업들이 많이 나와서 좋은 일을 하는 기업들이 많이 생기면 좋을 것 같다.

평온_ 창업 전에 내가 백수였던 시절, 아내는 운전하고 나는 옆에 앉아 있다가 문득 들에 핀 꽃들을 보니 마음이 편해졌다. 내 인생은 어디로 갈까. 꽃들도 다 내일을 걱정하면서 살지 않는데. 나는 그로부터 얼마 후에 기적적으로 창업을 하게 된다.

성령이 이끄는 경영Management by Spirit

하루 5분의 힘

 나에게는 안타까운 것이 한 가지 있다. 바로 크리스천들이 책을 많이 읽지 않는다는 것이다. 성경 하나면 된다고 생각하는 사람이 많다. 그러나 그것이 우리를 세상과 더 담을 쌓게 하는 것이다. 물론 성경이 제일 중요하다. 그러나 그 신앙적 기초가 쌓인 다음에는 신학책도 좋고 인문학, 경제, 경영, 역사 소설 등 여러 분야의 책을 접하는 것이 좋다. 그러면 아주 폭발적인 힘이 나온다. 그러나 신앙적 기초도 안 되어 있는 사람이 독서만 좋아하는 것도 위험하다. 그만큼 나는 책의 중요성을 설파하는 사람이다. 특히 비즈니스를 위해선 더욱더 그러하다.
 나는 독서를 자투리 시간에 많이 한다. 책을 앉아

서 30분 이상 읽지 않는다. 숙독과 정독을 병행하면서 생각하면서 하는 독서를 한다. 제일 많이 읽는 경우는 틈틈이 독서하는 경우다. 요즘은 스마트폰에 전자책 애플리케이션(나는 '밀리의 서재'라는 애플리케이션을 쓴다)을 깔아놓아서 어디서든 시간 날 때마다 책을 읽는다. 그렇게 쌓인 5분이 하루에도 많이 모여 한 달, 일 년이면 수많은 책을 읽을 수 있다.

많은 사람이 신년 새해에 거창하게 계획을 세우지만, 그 계획이 며칠이나 가는가. 그러나 거창하게 시작할 필요는 없다. 하루 5분씩이라도 투자해 보자. 그러면 된다. 그러다 그 시간이 모이면 새로운 습관이 된다.

일도 마찬가지다. 새로 계획하는 일들을 실행하지 못한다면 일단 시작이라도 하자. 5분이면 된다. 그러면 시작이라는 놈이 일을 끌고 간다. 또 그러다가 5분 더 투자하고 그러면 일은 진행된다. 하루가 천 년 같고 천 년이 하루가 될 수도 있다. 시간에는 크로노스와 카이로스의 개념이 있고, 우리는 카이로스의 시간으로 살면 하루 5분에도 수많은 일을 할 수 있다.

성령이 이끄는 경영 Management by Spirit

일하다 보면 꼬이는 일도 생기잖아

나는 아주 우연 같은 필연으로 비즈니스를 시작해서 그다지 비즈니스가 잘되고 안되고에 연연해 하지 않는다. 어차피 내 의지나 계획으로 되는 것이 아니므로. 보통은 내 비즈니스는 나의 전문적인 일로서 고객에게 칭찬받고 인정을 받을 때도 많지만 하다 보면 일이 꼬일 때도 있다.

창업 초기에 아내가 월드 마켓이라는 곳에 장을 보러 갈 때 따라갔다가 'Fish Sauce'라는 제품을 보고 그 제품의 샌프란시스코 본사에 편지를 보냈다. 새로 생긴 FDA 법규를 준수해야 하고 필요한 것들을 해 주겠노라는 제안이었다. 마침 그 회사도 샌프란시스코 공장에 보틀링(Bottling) 공장을 열고 FDA

인스펙션(Inspection)을 기다리던 터라 내가 필요했다. 그게 인연이 되어 몇 개의 프로젝트를 함께 진행하게 되었다. 그 회사의 베트남인 사장은 베트남에 생선 액젓 만드는 회사를 가지고 있었다. 보트를 타고 온 보트피플 1세대였다.

처음에는 베트남인 특유의 딱딱거리는 발음 때문에 그의 영어를 알아듣기가 어려웠다. 그리고 베트남 사람들이 지독하다고 들었는데 프로젝트 컨설팅 비용을 깎을 때 보니 과연 장난이 아니었다. 그래도 비즈니스 초기라서 찬밥, 더운밥 가리기 싫어서 그와 계약했다. 나는 LA에 있던 터라 한 달에 한 번은 그 프로젝트 때문에 비행기를 타고 샌프란시스코로 출장을 갔다. 마침 다이소 본사도 샌프란시스코에 있어서 간 김에 다이소도 보고 또 다른 업체들에 영업하러 가기도 했다.

그 뒤 몇 개의 프로젝트를 더 진행하였고, 새로운 프로젝트 제안이 하나 들어왔다. 현재 미국은 똥이 들어있는 멸치의 수입을 금지하고 있다. 똥(내장)에

치명적인 세균이 있다고 하여 수입을 금지하는 것이다. 그런데 나보고 FDA에 청원서(Petition)를 내 달라는 것이었다. 그래서 그 일을 해 주었는데 쉽지 않았다. FDA에서 요구하는 사항대로 하자면 제대로 된 멸치를 만들 수가 없었다.

이후에도 멸치 가공을 위해 식품 안전 계획을 짜 주고 설비 디자인을 하여 가공 설비 업체도 찾아 주었다. 그 과정에서 한국의 설비 전문 업체를 찾았고 K 대표님과 인연이 닿을 수 있었다. K 대표님 또한 좋은 분이었다. 그래서 K 대표님과 베트남 사장을 연결해 드리고 설비를 설치하는 계약을 맺었으며 그 과정에서 나도 베트남의 푸꾸옥이라는 곳에 몇 번 갔다. 사실 푸꾸옥이라는 곳이 휴양지인 줄도 몰랐는데 정말 아름다운 곳이었다. 그리고 회사가 캄보디아로 공장을 확장하여 그곳에서도 설치 요청이 들어오는 바람에 캄보디아에도 두 번 다녀왔다.

그래도 베트남 회사 사장과 나름 친해지고 K 대표님과도 친해졌는데 문제가 생겼다. 자금 문제를 놓고 서로 계약서 해석상의 의견이 일치하지 않았고 캄보디아에 기계를 수입하는 데도 문제가 생겨서 생각지도 않았던 추가 비용이 발생한 것이다. 그 문제부터 시작해서 소소한 문제들로 의견이 대립하게 되었다. 양쪽에서는 나한테 하소연하였고 내가 중재하려고 하였으나 중재도 쉽지 않았다. 내가 서로를 소개해 준 관계로 서로에게 미안한 마음이 들었다. 사실은 지독하게 군 베트남 사장이 너무한 바가 있긴 하였다. 아무튼 결국 서로 소송 직전의 상황까지 가게 되었고 때마침 베트남 사장이 다른 한국인분을 대리인으로 세워서 K 대표님과 일을 진행하게 된 것 같았다. 이 일은 아직도 진행 중인 일이지만, 비즈니스를 하다 보면 이런 일도 생긴다.

그리고 FDA 청원서 작업은 FDA의 까다로운 요구로 인해 두 번이나 수정하여 다시 제출하였지만, 아직도 대답이 없다. 그 또한 결과가 혹시 안 좋으면 어떻게 해야 하는지에 관한 불안함이 있다. 그동안의 모든 비용을 돌려달라는 요청이 올 수도 있다.

또한, 미국 수출용으로 캄보디아에 수출한 장비들에 대한 청구들까지 생각하면 머리가 복잡하다. 이것만 생각하면 잠이 안 올 정도다. 하지만 이 또한 나의 의지로 되는 것이 아니다. 내가 무에서 1년에 꽤 괜찮은 수입을 버는 컨설팅 사업을 시작한 것도 내 계획이 아니었듯이, 이 또한 어떻게 진행될지는 미지수이다. 하지만 이 또한 선한 길로 마무리될 것으로 믿는다. 세상엔 아주 나쁜 일도 없고 아주 좋은 일도 없다. 비즈니스 또한 그런 것들을 깨닫게 되는 과정이다. 단, 현재에 충실해서 비즈니스를 진행하다 보면 어느 순간 내가 원하던 목표에 도달할 수도 있지 않을까. 모든 것을 합력시키시는 하나님이 계시므로, 꼬인 일도 미래를 위한 준비의 과정이라고 생각한다.

알아서 굴러들어온 호박 넝쿨

하나님이 보내 주신 손님들에 관한 이야기다. 나에게는 캐나다 고객들이 있다. 온타리오주에 있는 세 군데의 업체이다. 농산물 재배하는 기업형 농장 2곳, 향신료와 차를 수입해서 재가공하는 업체 1곳이 그것이다. 미국으로 식품을 수출하려면 에이전트(Agent)를 두게 되어 있다. 작년에는 세 군데 업체에서 비슷한 시기에 연락이 왔다. 어떻게 나를 찾았냐고 물었더니 자기네 통관사가 소개해 주었다고 했다. 이름을 들어보니 내가 직접 접촉했던 통관사들도 아니었다.

나는 구글에다가 구글 애즈(Google Ads)를 통해서 내 회사를 광고한다. 한 달에 약 300불의 예산을 들여 광고를 진행한다. 덕분에 미국에 새로 생긴 식품법을 구글에서 키워드로 치면 적어도 상위 페이지에 나와 관련된 내용이 나온다. 그 광고를 보고 통관사가 주변의 캐나다 회사들에 내 회사를 소개해 준 것이다. 현재 그 회사들은 나를 미국의 FSVP Agent로 사용하고 있으며 한 달에 500불에서 800불을 매달 주고 있다. 나는 이들에게 나의 회사명을 빌려주고 가끔 식품 안전 관리를 제대로 하고 있는지 관리해 주면 된다.

덕분에 나는 작년 말에 캐나다에 출장 겸 가족여행을 다녀왔다. 일 년에 한 번씩은 'Verification Audit'이라는 명목으로 천 불 정도씩 지불하고 갔다 오기로 했고 그러면 비행기 비용과 카 렌트비 정도는 대체할 수 있다. 숙박은 아내의 친구 집이 토론토에 있어서 그곳에서 잤다. 얼마나 꿩 먹고 알 먹기인가.

작년에는 10일 정도 토론토에 있으면서 눈 구경도 실컷 하고 아이들과 스키장에서 좋은 시간도 보내고 미국과의 국경에 있는 나이아가라 폭포에서 관광도 하였다. 예전부터 이런 꿩 먹고 알 먹고의 삶을 원했는데 지금 이렇게 하고 있다니. 일단 꿈을 꾸고 조금씩 준비하면 그날이 언젠가는 찾아오는 것 같다.

또, 일하다 보면 이렇게 우연히 연결되는 고객이 많다. 또 한 군데는 A 업체라는 곳이다. 내 교육에 참여한 분이 그 회사와 연결을 시켜 주었다. 처음에는 내 전문 분야가 아닌 다른 분야로 컨설팅을 시작하게 되었다. 회사 내의 창고에서 종업원이 다쳐서 OSHA(가주 산업안전청)에서 검열을 나온다는 얘기였다. 나는 현재 식품 위생을 전문으로 하고 있지만, 식품 공장에서 일할 때는 종업원의 안전 문제도 책임지는 위치라서 훤히 다 아는 분야였다. 그래서 흔쾌히 승낙하고 종업원 안전에 관한 절차와 종업원 교육을 해 주었다.

그 뒤에 또 연락이 왔다. 종업원 성희롱 방지 교육을 해 줄 수 있느냐는 연락이었다. 이것도 전에 미국 공장에 있을 때 나도 교육을 받았던 경험이 있었다. 흔쾌히 승낙하였고 이번에도 각종 자료를 찾아서 프레젠테이션을 만들어서 교육하였다. 참 별의별 교육을 다 한다는 생각이 들었지만, 누군가가 나를 찾는다는 것은 좋은 일이다.

그러다 이번에는 FDA 쪽에 통관 문제가 생겨서 FDA에 청원서를 내 달라고 요청이 왔다. 미국 전역에 그룹사가 있는 회사를 소개해 주었더니 한국에 있는 모든 계열사를 소개해 주었다. 나에게 굉장히 감사해하면서 빠르고 적절하게 대응해준 것에 감사하다는 답변이 왔다. 이렇듯 작은 연결고리 하나하나가 생각지도 않던 결과를 낳는다. 이 회사는 전부터 내가 연결되길 원했던 회사였다. 그러나 접근 방법도 몰랐고 어떻게 연락해 볼지에 관한 아이디어도 없었다. 그러나 엉뚱한 곳에서 문이 열린다. 비즈니스의 묘미는 이러한 것이다. 인생도 그렇지 않을까. 생각지도 않은 곳에서 문이 열린다. 그게 인생의 매력이지 않을까.

아무튼 이렇게 해서 생긴 고객들이 한둘이 아니

다. 어찌 생각하면 모두 고맙다. 그래도 굶어 죽지는 않는구나…. 다만 우리가 주님의 뜻대로 살려고 노력하고 희망을 놓지 않으면 누구에게나 때가 온다고 생각한다. 너무 식상한 얘기일 수도 있지만, 나의 고백이다. 물론 고객의 요청에 항상 카멜레온처럼 순발력 있게 서비스할 수 있는 능력도 중요하다.

City of Angel_ 게티 박물관에서 내려다본 LA 전경. 태평양도 저 멀리 보인다.

꼬박꼬박 월 자문 서비스

요즘 나는 비즈니스의 안정화를 위해서 월 고정 매출을 많이 확보하려고 한다. 현재 나는 자문 서비스 사업을 진행하며 고객 기업들의 자문을 담당하고 있다. 현재까지 4,600불의 고정 매출을 달성했다. 올해 안에 10,000불까지 만드는 것이 나의 목표다. 이렇게 되면 비즈니스의 안정화가 이루어져 훨씬 부담이 적다. 그래야 직원들도 좀 편하게 고용할 수 있다. 그 외의 프로젝트 베이스로 쓰이는 비용은 과외 수입이 될 수 있다.

또한, 주변에 창업을 시작하는 사람들에게도 같은 조언을 해 준다. 특히 컨설팅업이라면 한 달에 최소한의 목표 생활비를 정하고 그것을 고정 월 자문 서비스로 확보하라고 한다. 그 순간이 이루어지면 매출에 안달하지 않아도 된다. 그 순간 반 은퇴를 하든, 비즈니스 영역을 확장하든, 새로운 일을 할 기회가 생기기 때문이다. 프리랜서의 경우에 단점은 이런 매출을 예측하기가 힘들기 때문에 항상 몸을 움츠리고 살 수밖에 없다는 점이다. 그럴 때는 최대한 경비를 줄이고 프로젝트들, 그리고 월 고정 자문료가 얼마나 나의 1년 치 생활비를 담당해 줄 수 있을지를 생각해 보면 된다.

나의 경우에는 월 4,600불의 고정적 자문료에 모두 8만 불의 프로젝트들이 현재 진행 중이다. 올 한 해의 농사는 다 지었고 남은 달은 다음 해나 다다음 해의 매출이라고 생각해도 된다. 내가 나름대로 터득한 계산법이다. 여러분도 1년에 얼마만큼 벌어야 한다는 큰 계획을 버리고 최소한의 목표액으로 생각하면 창업에 대한 불안이 훨씬 줄어들 것이다.

교육 사업이 좋아

 나는 한국으로 강의하러 자주 출국한다. 물론 미국에서도 강의한다. 영어로도 하고 한국말로도 한다. 오프라인으로도 하고 온라인으로도 한다. 나의 강의는 전문 자격증 과정이다. 나는 FDA에서 인정하는 자격증을 강의하는 강사이다. 보통 강의비가 600불씩이라 2~3일 정도 강의를 진행한다. 학생이 제일 많을 때는 40명 가까이 된 적도 있었다. 그럴 경우에는 한 번 강의하고 거의 두 달 치 생활비를 버는 셈이다.

 한국에서도 강의하고 있다. 일 년에 두 차례씩 고대 식품관에서 강의하는 PCQI 과정이 있고 기업체별로 특강을 하는 경우도 있다. 어떤 경우에는 미국에서 한국으로 온라인 강의를 하는 경우가 있다. 온라인 강의의 장점은 내가 강의 장소를 섭외할 수 있어 강의 장소 렌트비가 안 나가서 좋다는 점이다. 또한, 학생 수가 많지 않을 때는 온라인 강의가 훨씬 장점이 많다.

강의가 가진 또 하나의 장점은 나를 홍보하는 수단이라는 점이다. 기업이나 수강생들은 교육도 듣지만 이를 통해 나와 컨설팅 계약으로 연결되는 경우도 있다. 이렇게 해서 연결된 고객들이 매출의 상당수를 차지한다. 강의를 통해서 나의 전문성을 나타내고 이를 통해서 신뢰를 쌓는 것이다. 나는 매달 무료 웨비나(온라인 세미나)를 한다. 이것은 고객들을 모으기 위한 수단이자 나를 홍보하는 수단이다. 이를 통해서도 고객을 확보할 수 있다.

또 하나의 방법은 내 강의를 유튜브에 업로드한 후 이를 내 웹사이트나 블로그에 올려서 언제든 시청하게 하는 것이다. 그리고 여러 사람에게 궁금한 점을 물어볼 수 있게 한다. 요즘 유튜브에 올라오는 주제는 무궁무진하므로 여러분의 비즈니스에서 알리고 싶은 내용이라든가 혹은 컨설팅 강의의 맛보기 강의 같은 것도 좋다고 생각한다.

그리고 나의 경우에는 미국에서 영어로도 강의하면 미국 고객들도 유치할 수 있다. 미국은 땅이 넓어서 요즘은 온라인으로 강의를 많이 진행한다. 전에는 오프라인 강의로 FDA 인스펙터 강의를 들은 바 있다. 이로써 나의 전문성을 더 알릴 수 있다. 또한, 한국에서는 미국의 고급 정보나 현지 정보를 발빠르게 얻기가 힘들다. 한국의 경쟁 컨설팅 회사를 보면 그러한 부분에서 한계가 보인다. 그러나 나의 장점은 미국에서 일어나는 실제 규정 적용 관련 내용과 최신 사항을 빨리 알 수 있다는 점이다. 그 때문에 이것들이 어떻게 적용되는지 감을 빠르게 잡을 수 있다.

나의 비즈니스 포트폴리오에서 교육 부분을 뺄 수가 없는 이유는 교육과 컨설팅은 유기적으로 연결되어 있고 교육을 통해서 많은 비즈니스 기회도 생기고 고객 창출도 가능하기 때문이다. 여러분도 여러분의 강점을 뭐든지 사람들에게 강의로 해 보기를 바란다. 그게 돈을 벌게 해 주는 물꼬가 될 수도 있다.

그리고 앞으로 '일터에서의 삶' 강의와 'BAM' 관련 강의를 지역 교회들과 전 세계를 상대로 하는 것이 나의 꿈이다. 언젠가 이루어 주시리라 믿는다. 혹시 이러한 강의나 교재가 필요하신 분은 연락을 부탁드린다.

nofearljc@gmail.com

출판 사업

나는 글 쓰는 것을 나름 좋아한다. 대학 때 소설을 써서 대학 신춘문예에도 참가해 보고(물론 낙방했지만), 교회에서는 청년들을 가르칠 『일터에서의 삶』이라는 교재도 만들어 보았다. 최근에는 내 전문 분야 관련 서적인 『미국 식품 수출 실무 가이드』를 탈고하기도 했다.

책을 읽는 것도 좋아하여 요즘은 한국 서적은 밀리의 서재 애플리케이션을 통해서, 미국 서적은 종이책으로 많이 사서 읽는다. 책을 읽고 정리한 노트가 몇 권이나 되지만, 결국 이사 다니면서 다 없어졌다. 책을 쓰지 않으면 나의 기록들과 생각들이 날아가 버리고 생각도 원점으로 돌아오는 경험을 많이 했기 때문에 기록을 시작했다.

최근엔 한국 방문 시에 박하루 대표의 '하루 만에 책 쓰기' 강의를 들은 적이 있다. 나도 그런 경험을 했지만, 책을 쓰는 과정은 영감만 있으면 금방 써 내려갈 수 있다. 많은 사람에게 책 쓰기를 편하게 가르쳐 주고 나름 소신대로 삶을 사는 박하루 대표를 보면서 자극을 받기도 하였고, 이에 또 책을 쓰게 되었다.

요즘 밀리의 서재를 보면서 전문 작가가 아닌 사람들이 쓴 책들이 무척 많다는 것을 알았다. 그런 책은 고전처럼 아주 깊이가 있지는 않았지만 그래도 남의 생각과 공감하는 부분들을 보면 가치 있는 책들이 많았다.

자기가 하는 전문 분야든, 관심이 있는 취미 분야든 이에 대한 책을 쓰는 것은 장점이 많다. 자신의 역량을 증진해 주거나 비즈니스 포트폴리오에 책을 쓴 이력을 추가할 수 있다. 그리고 전문가로서 인정받을 수 있다는 등의 장점이 그것이다. 나는 경영학

쪽에 관심이 많아 일단 이 책으로 시작하지만, 앞으로도 쓸 주제는 많다. 시, 에세이, 소설도 쓰고 싶고 여행기도 쓰고 싶다.

요즘은 전자책 발행도 쉽고 POD 방식으로 하므로 선비용도 많이 들지 않을 수 있다. 원고만 있으면 된다. 일단 시작해 보자. 그리고 나는 기회가 된다면 교회에 글쓰기 교실을 개설해서 비신자 전도의 도구로도 쓰고 싶다. 다들 신앙 간증할 것들이 얼마나 많은가.

세상은 넓고 고객은 많다. 나는 전 세계에 고객들이 있다. 위의 사진은 작년에 캐나다 온타리오주에서 출장 중에 찍은 사진. 아래 사진은 영화 <파고>를 연상시키는 눈밭이다.

미국 이민은 어때요?

 나는 부모님이 미국에 계셔서 초청 이민으로 미국에 왔다. 2005년도, 내 나이 32살에 왔다. 참 애매한 나이다. 한국에서는 변리사 공부 4년을 하다 잘 안되어서 직장 생활을 시작했다. 취업 연령을 지났던 터라 조그만 회사에서 직장 생활을 시작했다. 미국에 먼저 간 부모님이 초청 이민을 해 주셔서 한국에서 영주권 절차를 밟았고 2005년도에 미국으로 가게 되었다. 그때 나는 결혼해서 첫째 아이가 2살, 둘째 아이는 임신 중이었다.

 그래도 나는 미련 없이 미국행을 택했다. 다시 인생을 리셋하고 싶다는 생각이 들었다. 그런데 막상 미국에 오니 선택의 여지가 많지 않았다. 미국 경험이 없었으므로 나를 반겨 주는 회사가 없었다. 미국 회사는 물론이고 한국 회사에서도 무시당하기 일쑤였다. 그나마 취업한 조그마한 한국 무역 회사들은 비전이 보이지 않았다. 그렇다고 돈을 많이 주는 것도 아니었다.

미국에서는 렌트비가 매달 나간다. 자기 집이 없으면 소득의 상당 부분이 렌트비로 나간다. 게다가 우리 집은 땅이 넓어 차 2대(나와 아내의 차)를 굴려야 하는 등 이래저래 생활비가 꽤 들었다. 아내도 직장 생활을 했다. 아내 또한 한국에선 중국어 학원 강사를 하면서 나름 전문직이었는데 처음에는 아내도 미국에서 고생했다. 은행 직원으로도 일해 보고, 기가 센 아줌마들의 텃세에 울기도 했다. 지금 아내는 미국 대학에서 중국어 교수로 일하고 있다.

아내가 교수직을 딴 것도 우연이다. 우리가 중간에 집을 렌트해서 이사했는데 마침 그 집의 주인이 대학의 중국어 교수였다. 마침 아내의 차에 있던 중국어 교재(그때는 동네의 한국 아이들에게 중국어 과외를 하느라 교재를 구비하고 있었다)를 보고 아내에게 중국어 경력을 물어봤다. 그래서 이력서를 준비해서 어려운 관문을 거쳐서 중국어 파트타임 교수직을 얻을 수 있었다. 미국에 중국 사람도 많은데 더군다나 한국인으로서 중국어를 영어로 강의하게 된 것은 행운이다.

중요한 것은 우리 부부는 항상 무엇이든 많이 시도했다는 것이다. '운+노력'이랄까. 노력하다 보면 언젠가는 무엇이든 걸리게 되어 있다. 중요한 것은 항상 도전하고 있느냐일 것이다. 도전할 때도 거창하게 준비할 필요 없이, 있는 그대로 도전하면 된다. 그러면 하나님이 인도하신다.

그동안 내가 들어선 타석들이다. 거의 안 된 것들이 대부분이었는데 최근에 그것들이 완성되었다.

- **군 시절 카투사**: 군 시절에 편하게 즐기면서 생활했다.
- **변리사**: 한국에서 4년 정도 공부했으나 실패했다.
- **미국 세무사**: 한국에서 어렵게 공부해서 취득했다. 지금은 쓰지 않는다.

- **미국 부동산 라이선스**: 두 종류인데 그중에서도 어려운 브로커(Broker) 라이선스를 취득했으나 지금은 쓰지 않는다.
- **미국 공무원 시험**: 여러 번 응시했다. 그중에 새크라멘토로 공무원 발령이 나서 가지 않았다.
- **직장들**: 10곳 정도 된다. 내가 싫어서 나온 곳도 있고 잘린 곳도 있다.
- **경영학 석·박사**: 거의 10년 정도 공부했다. 박사는 논문까지 쓰다가 그만두었다.
- **현재**: J&B Consulting 회사를 운영 중이다(3년 차).

미국 이민 초기에는 조그만 한인 무역회사에서 일했으나, 적은 월급에 비전이 보이지 않아서 식품 공장에서 품질관리 매니저로 다시 일을 시작했다. 이 포지션은 기술 관련 포지션이라 나중에 일을 배워서 미국 회사에 취직할 수 있을 거라는 생각이 들었다.

식품 공장은 쉽지 않았다. 새벽부터 나가서 밤늦게까지 일이 많았고 사람을 관리하는 일이라 아주 힘들었다. 그 와중에도 경영학 석사를 공부하면서 쉴 새 없이 살아왔다. 현재 내가 경영학 석사 과정에서 배운 것 중에서 별도로 써먹는 것은 없지만, 이때 배운 것들은 분명 지금 나의 비즈니스에 도움이 된다고 생각한다.

그리고 미국 회사로 회사를 옮겨서 공장장, 생산 부사장 등을 지냈다. 여한이 없다. 우리 부부는 나름 1세대로서 미국 직장에서 해 볼 수 있는 것은 다 해 보았다고 생각한다. 미국에 와 보면 한인 커뮤니티 안에서 사는 사람들이 대부분이다. 한인 교회에 나가고, 한인 직장에 나가고, 한인 친구만 만나면 영어가 필요 없다. 실제로 20~30년 동안 미국에서 살았음에도 영어를 한마디도 못 하는 한국인도 태반이다.

현재 나는 미국의 인증 기관들을 인정(Accreditation Body)하는 'FSMA Technical Expert(미국 식품 안전화·현대화법 전문가)'로 전 세계를 누비며 심사도 담당하고 있다. 사실 미국의 전문가들도 FDA의 법 전반을 이해하기는 힘들다. 인증 기관들이 나의 말 한

마디에 좌지우지되는 게 나로서도 부담이 되지만, 이 자리에 오르는 게 쉽지 않았고 이 또한 나의 능력보다는 운이라고 여긴다. 나는 앞으로 계속 '게으르게' 도전할 것이고, 그러다가 또 하나가 걸릴 것이다.

미국에서 살아서 좋은 점은 좋은 환경에서 남들을 신경 쓰지 않고 내 소신대로 살 수 있다는 점이다. 그리고 아이들의 교육이 한국보다는 덜 극성이라는 점도 장점이다. 물론 아이들 사이에서도 나름대로 경쟁이 있지만, 굳이 공부가 아니더라도 갈 길이 다양해서 좋다. 반면 미국에 예전처럼 경제적인 이유로만 이민 오기에는 한국이 살기가 너무 편해졌다는 점도 있다. 요즘 한국에 출장을 가 보면 한국에서 사람 사는 맛이 난다고 느껴진다. 밤이라도 돌아다닐 곳도 많고 인종 차별 없이 떳떳하게 살 수 있다.

미국에 이민 오면 남자들은 처음에 적응을 잘 못한다. 밤에 갈 데도 없고 멍하니 집에만 있으면 심심하기가 이루 말할 수 없을 정도다. 그러나 적응이 되면 오히려 한국에서 늦게까지 술 마시고 그러는 것이 이상해 보인다.

혹시 미국으로의 이민을 꿈꾸는 사람이 있으면 다음의 표로 정리한다. 이것도 나의 주관적인 생각일 수도 있다. 이민 생활이 궁금하다면 연락을 부탁드린다.

미국 이민	
장점	단점
- 좋은 자연환경(깨끗한 공기 포함) - 가족과 함께하는 시간이 늘어난다 　(여자분들이 좋아함). - 정년이 없어 자신이 원하는 나이까지 　일할 수 있다. - 아이들 교육의 질이 향상된다. - 비즈니스 기회가 많다(잘하는 것 　하나만 있으면). - 사색할 시간이 늘어난다(심심해서). - 종교에 귀의할 확률이 높다. - 한국의 짜증 나는 정치판을 더 이상 　보지 않아도 된다. - 남들과 비교하면서 살 필요가 　줄어든다.	- 눈에 보이지 않는 인종 차별이 있다. - 아이들을 많이 태워줘야 한다. - 밤에 할 게 없다. - 의료비가 비싸다. - 미국 주류 문화생활을 하지 않는나면 　문화생활이 쉽지 않다.

미국에 이민 오시는 분들을 위한 조언

요즘의 한국 교육에 염증을 느꼈거나 한국에서 살기 싫어하는 분들에게는 미국 이민도 추천한다. 이민 오는 방법은 여러 가지이지만 요즘에는 트럼프 정부의 정책 때문에 이민이 까다로워졌다. 이민을 오는 방법으로 취업 이민, 투자 이민, 가족 초청 이민, 주재원 파견 후 영주권 이민 등 다양한 방법이 있다. 자세한 사항은 이주 공사를 통해서 알아보면 된다.

이민을 결정했다면 몇 가지 준비 사항이 있다. 첫째는 무엇을 할지 결정해야 한다. 아직 미국에서 살아 본 경험이 없으므로 막막할 것이다. 돈을 투자해서 식당을 차릴 수도 있고, 아니면 한국에서 하던 사업이나 일을 미국에서도 할 수 있도록 미리 알아

보는 방법도 있다. 만약에 자금이 넉넉하지 않은 경우라면 취업하여 미국에서 오랜 기간 동안 할 수 있는 직업을 찾아보는 것이 좋다. 내 경우에는 미국에서 직장 생활을 하였는데 한국인이 미국 직장에서 일하기 좋은 분야는 회계, 재무, 기술직 등이다. 미국인들이 잘하지 못하는 분야이고 영어에 대한 부담이 조금 덜하기 때문이다. 물론 그래도 미국에서 영어는 필수이다.

한국인들이 많이 사는 LA(내가 사는 오렌지 카운티도)나 동부에는 한인들이 많아 한국 식당도 많지만, 요즘은 미국인들도 한식을 좋아해서 어떤 식당에는 젊은 미국인들이 한국 사람보다 더 많기도 하다. 또한, 한국에서 뜨는 프랜차이즈 식당도 미국에 많이 들어온다. 식당을 하든, 직장에서 일하든 자기만의 무기 하나는 들고 이민을 와야 한다.

또 하나의 생각으로는 요즘은 디지털 노마드 시대이므로 한국에 비즈니스가 있지만, 미국에서 일해도 된다면 그것도 좋다. 나 역시 한국에도 비즈니스가 많아 자주 한국으로 나가지만 컨설팅 업무의 특성상 미국에서 비즈니스를 진행해도 큰 무리가 없다. 특히 요즘은 유튜브니, 온라인 비즈니스니 해서 실제 본인의 위치나 지역에 상관없이 비즈니스를 진행할 수 있으므로 미국에 살면서도 한국이나 전 세계를 상대로 비즈니스를 진행할 기회도 많다.

둘째로 영어는 필수이다. 미국에 와서 오래 살았어도 영어를 못 하는 사람이 수두룩하다. 결국 영어가 안 되면 한인 커뮤니티 안에서만 살아야 하는데 그 안은 그야말로 레드 오션이다. 한인들끼리 경쟁하느라 피가 튀긴다. 그러나 영어가 되면 할 게 많다. 앞서 언급한 자기만의 무기 목록에 영어가 추가되면 무서울 것이 없다. 나는 미국에 와서부터는 계속 영어책과 영어 방송, 영어 라디오를 손에서 놓지 않았다. 라디오는 아예 지금도 미국 라디오만 듣는다. 그렇게 의도적으로 노력하지 않으면 기회도 없다. 나나 아내는 영어를 꾸준히 공부하는 스타일이라 둘 다 미국 직장에서 일할 수 있는 기회를 가지게 되었다.

영어가 되니 나의 비즈니스 영역도 무한대이다. 내가 구글에 광고하니 전 세계에서 미국에 식품 수출을 위한 FDA에 관한 문의가 나에게로 온다. 영어가 되면 미국뿐만 아니라 전 세계를 대상으로 비즈니스를 진행할 수 있다. 나의 영어 능력(그렇다고 2세대처럼 완벽하지는 않다)과 전문성이 더욱더 내 경쟁력을 만들어 준다. 특별히 한국에서 비즈니스를 하다 보면 경쟁사들이 영어가 안 되고 미국에 적이 없어서 나와 경쟁조차 이루어지지 않는 경우가 허다하다. 미국에서도 미국인을 상대로 컨설팅하고 ―나 같은 한인 1세대가 미국인들을 컨설팅하고 교육하기는 쉽지 않은 일이다― 교육하는 것, 그게 나의 경쟁력이다.

| 한국과 미국에서 FDA 관련 코스들을 강의하는 사진_ 미국에서는 영어로도 강의하는데, 혀에 쥐가 날 정도다.

성령이 이끄는 경영Management by Spirit

셋째는 미국 주류 사회에 들어가도록 노력해야 한다. 될 수 있으면 한인 커뮤니티 안에 들어가 고립되지 말고 자주 미국인들과 교류하도록 노력해야 한다. 나도 나이가 들면서 점점 미국인을 만나는 것이 귀찮기도 하다. 서로 문화가 다르므로 어느 선까지 가면 벽이 느껴진다. 그러나 그렇다고 해서 한인 사회에서만 머물면 고립될 수밖에 없다. 그렇게 사는 사람들을 보면 왜 굳이 미국에서 사나 궁금해진다. 귀찮더라도 미국인들과 교류할 기회를 많이 가져야 한다. 나의 경우에는 계속 미국에서 공부했고 미국 직장을 다녀서 그런 기회가 많았지만, 그렇지 않더라도 교류를 많이 해야 한다는 것은 불변의 진리다. 그러다 보면 더 많은 비즈니스 기회도 보인다. 하나님이 한인들을 디아스포라로 전 세계에 흩어 놓으신 이유를 곰곰이 생각해 보라. 우리 이민자들은 천국의 누룩같이 미국과 전 세계에 복음 전파를 위한 사명을 받은 자이므로, 미국 사회와도 적극적으로 교류하여야 한다.

넷째는 '내가 왕년에 잘 나갔는데…'라는 마인드를 버려야 한다는 것이다. 미국에 오면 서울대학교를 졸업하고 이곳에서 세탁소를 운영하시는 분들도 있다. 대부분의 경우에 이민자는 한국에서 안 했던 일을 해야 한다. 미국에 오면 다들 고생한다. 밑바닥부터 다시 시작해야 하는 경우가 많다. 그래서 마냥 '한국에서는 잘 나갔는데'라는 마인드에 빠지면 그 수렁에서 헤어나지 못한다. 그 마인드로 살다가 그냥 이것도 아니고 저것도 아니게 된 사람을 많이 보았다.

나의 경우에도 처음에 미국 식품 공장에서 매니저로 직장 생활을 시작했을 때는 특히 힘들었다. '이 일을 하려고 미국에 왔나?', '나름 Y대를 나왔는데 이걸 해야 하나?' 그런 생각이 들었지만, 장기적인 관점으로 바라보았다. 나는 한국 회사에서 경력을 쌓고 미국 회사로 갈 것이고, 미국 회사에서는 높은 자리에 올라갈 거라고 끊임없이 되뇌었다. 그래서 직장에 다니면서 밤에는 MBA를 공부했다. 결국, 내가 원했던 대로 되었다. 만약에 내가 한국에서라면 이런 일을 하지 않았을 거로 생각했다면 자괴감에 빠져 지금도 아무것도 이루지 못했을 것이다. 하나님은 미국 이민 생활이라는 광야를 통해서 나를 낮추셨다.

미국은 직업에 귀천이 없다. 여러분의 분야가 뭐든지 간에 기술 하나와 영어, 적극성만 있으면 미국에서도 충분히 성공하리라는 생각이 든다. 미국에서 일하면 더욱더 '게으르게' 경영하면서 워라밸을 갖춘 삶을 살 기회도 높다.

마지막으로 크리스천 이민자로서 가장 중요한 준비는 하나님과 동행하는 삶이다. 하나님을 전적으로 의지하고 하나님께서 내 삶의 주인임을 고백하며 나의 계획보다는 기도와 말씀으로 매 순간 하나님의 길을 묻는 자세가 중요하다. 사실 그런 자세이면 미국만이 아니라 한국, 전 세계에서도 살 수 있는 게 우리 크리스천이다.

앞으로 어떻게 살까

내 나이는 현재 47세(미국 나이로는 45세)다. 앞으로 무엇을 할까? 비즈니스는 돈을 버는 수단이다. 돈 자체는 내 삶의 목적이 아니다. 나는 비즈니스를 통해 내가 좀 더 하고 싶은 분야의 일들(비즈니스 선교, 사회적 책임, 지속가능성 분야)로 활동 범위를 넓히고 싶다. 책도 더 쓰고 싶다. 또한 지역 교회에서 비즈니스 맨들과 직장인들을 위한 BAM 모임 강의도 하고 싶고 계속 관련 책들(교재 포함)도 출간할 계획이다.

현재 미국 오렌지 카운티(내가 사는 곳)에는 많은 한인이 살지만, 먹고사는 것 이외에는 딱히 문화생활 공간이 없다. 주로 교회에서 그 역할을 하지만 주제가 한정되어 있어 답답하다. 나는 문화 기획자로서 이벤트나 강연, 세미나, 전시회 등의 문화 사업을 하고 싶다. 단순히 공익사업이 아닌 영리사업으로서도 고민 중이다. 한국의 좋은 강연자나 예술가들도 초빙하고 싶다.

그리고 나는 한국에 비즈니스 관련 업무가 많이 있는 관계로 분기별로 한국에 간다. 갈 때마다 문화 공연이나 강연, 세미나들 듣는 것이 큰 즐거움이다. 아이들이 대학에 입학하면 아내와 같이 한국에 가서도 그런 문화적인 여유를 즐기고 싶다. 얼마 전 한국 출장 시에는 혼자서 대학로에 가서 연극을 보았는데, 긴 이민 생활 중에 한국어로 된 연극은 나에게 큰 치유의 시간이 되었다.

그리고 미 대륙을 아직 횡단해 보지 못했는데, RV로 대륙을 횡단하는 것도 내 꿈이다. 나중에 아이들, 아내와 해 보는 것도 버킷 리스트 중의 하나이다.

또한, 나의 철학대로 게으르게 비즈니스를 경영하고 인생에 관해 더 고민하며 돈에 너무 집착하지 않고 사람 냄새나게 사는 게 내 꿈이다. 이제는 비즈니스도 진화하여 나의 독특한 개성이 비즈니스 모델이 될 수 있는 길도 많다. 앞으로 나는 이 분야에 관해 더 연구도 하고 비즈니스도 하면서 더 많은 이야기를 나누고 싶다. 또한, 내가 사는 미국에서도 미국인들과 이런 담론으로 책도 출판하고 이야기도 나누고 싶다.

비록 미국에서 글을 쓰는 내가 다른 부분에서 한국 저자들에게 이질감을 줄 수도 있으나, 이제는 세계가 좁아져서 한국의 문화가 미국 문화보다 더 월등히 세련되고 배울 게 많다는 생각도 종종 한다. 그리고 한국의 젊은 사람들이 색다르게 살아가려는 노력하는 것을 보면 생동감이 느껴진다.

40대에 반 은퇴해서 비즈니스를 진행하며 평생 일하고 주님의 사역을 하는 것이 나의 꿈이다. 계속해서 새로운 도전을 하면서 배우고, 때론 실패도 하며 미지의 인생 시나리오를 기대하면서 오늘도 설레며 살고 싶다. 이민 생활에서 겨우 먹고사는 것이 아니라, '넉넉히 이기는' 신앙을 통해서 이 땅과 전 세계를 하나님의 나라로 만드는 것이 나의 계획이다. 이는 예수님이 이 땅에 오셔서 하셨던 뜻을 이어받는 것이다. 우리는 예수님의 혁명군(전에 나의 멘토이신 이종일 목사님과 자주 사용했던 단어다)이므로!

에필로그 1

이 책을 멕시코 출장 중에 탈고했다. 멕시코 출장에서의 일은 잘 마무리되었다. 몸은 피곤했으나 마음은 집에 가서 편히 쉬고 싶고 내일 토요일에는 골프 약속도 있고 해서 긴장이 풀렸나 보다. 아침 일찍 멕시코 과달라하라 공항에 도착하여 아침 식사를 하고 화장실에 다녀온 뒤에 탑승 게이트 근처에서 앉을 자리를 찾는데, 갑자기 핸드폰이 없어졌다는 걸 알아차렸다. 'Oh, My GOD!'

갑자기 머리가 하얘지면서 화장실로 다시 돌아가 봤지만 없었다. 화장실에서 핸드폰을 본 기억이 없는데 어디로 갔을까. 아침 식사한 레스토랑에 갔다. 거기에도 없었다. 영어를 할 줄 아는 멕시칸들도 많이 없었고 공항 직원들도 별로 적극적으로 찾아줄 생각이 없어 보였다. 다행히 두 번째로 화장실에 갔을 때 그곳에서 만난 영어를 할 줄 아는 젊은 백인 멕시칸 부부(아니면 아마 직장 동료일 것이다)가 자기 전화로 내 핸드폰에 전화를 걸어보라고 해 주었다. 그런데 받지를 않았다. 비행기 출발 시각이 얼마 남지 않아 난감했다. 거기에 신용카드가 세 장이 있고 운전면허증도 있고…. 아, 신용카드 정지를 위해 아내에게 전화했는데 받지 않았다(LA는 2시간 시차가 늦어 아내가 아직 자는 듯했다).

멘붕 상태에서 그 젊은 신사 부부와 백방으로 알아보러 다녔다. 그래도 출발 시각은 다가오고…. 에라, 어쩔 수 없다. 그냥 가자. 뭐 어떻게 되겠지. 나를 도와준 젊은 부부에게 감사하다고 말하고 헤어졌다. 항공기 탑승구에서 비행기를 탈 준비를 하는데 아까 그 신사가 뛰어왔다. 자기 전화로 다시 전화가 걸려왔다고 했다. 핸드폰을 주운 사람이 이미 공항을 떠났는데 다시 돌아오겠다고 말했단다. 이미 보안 검색이랑 출국 수속도 밟았지만, 다시 나갔다. 비행기를 놓쳐도 핸드폰과 신분증(지갑형이라)을 되찾는 것이 더 중요했다.

젊은 부부도 같이 밖으로 뛰었다. 핸드폰 습득자

는 공항 출구 쪽에 차를 댈 테니 기다리라고 했다. 결국 만나서 핸드폰을 돌려받고 고맙다는 인사를 했다. 그리고 그 젊은 부부에게 너무나 감사하다고 말했다. 꼭 연락 달라고 했다. 뭐라도 대접하고 싶다고.

 살다 보면 이런 일이 허다하다. 처음에 나쁜 일이 생기면 멘붕이 온다. 그리고 절망하고 포기한다. 그 와중에 어떻게 되겠지 하고 포기하는 순간, 일이 반전되는 경우가 많다. 나의 비즈니스도 그랬다. 비즈니스가 진행되는 중간마다 그랬다. 세상에는 완전히 나쁜 일도, 완전히 좋은 일도 없다. 인생은 해석하기 나름이다.

 그 젊은 부부는 나한테 천사 같은 존재다. 우리는 누군가에게 빚을 지며 산다. 비즈니스도 나 혼자 할 수 없다. 늘 서로를 돕는다. 이번 일로 인해 '세상에 착한 이들도 많구나.' 하는 생각이 들면서 나도 다음에 또 이런 경우를 당한 사람을 보면 똑같이 도와주리라고 생각했다.

We should be Good Samarithans!

성령이 이끄는 경영Management by Spirit

에필로그 2

 이틀 연속으로 참 희한한 일들이 생겨서 '에필로그 2'를 쓴다. 어제 멕시코 공항에서 핸드폰을 되찾은 일도 신기하지만, 오늘 귀국 후에는 미국에서 친구들과 골프를 쳤다. 하필 오늘 새벽에 비가 온다는 얘기가 있었지만, 그래도 골프를 좋아하는 친구들 덕에 일정을 강행하기로 했다. 원래 같이 치던 멤버였던 K와 O 외에도 K의 전 직장 동료인 A가 온다고 했다. 새로 오는 사람은 나와 실력이 비슷하다고 했다(백돌이들).

 골프를 시작했는데 예상대로 부슬비가 내리기 시작했다. 편을 짜서 식사 내기를 하기로 했다. O와 내가 한 편, K와 A가 한 편을 먹고 점심값 내기를 하였다. 전날 출장에서 귀국하여 몸도 피곤하고 비까지 맞으면서 치자니 온몸이 춥고 몸이 점점 굳었다. 그래도 다들 골프광들이라 이 와중에 골프를 치는 열정이 참 대단했다. 나는 예상대로 공이 제 맘

대로 날아갔고 내 팀 멤버인 O도 그리 컨디션이 좋지 않아서 전반 9홀까지는 죽을 쒔다. '집에 가고 싶다. 이게 뭔 개고생이람…'이라는 생각도 들었다.

후반이 되니 비가 멈추고 해가 나기 시작했다. 젖은 옷도 마르고 몸이 좀 녹기 시작하면서 내 동료와 나는 조금씩 점수를 회복하기 시작하더니, 15홀에서 드디어 동점을 만들었다. 내가 장거리 퍼팅 2개를 성공했고, 내 팀의 O가 버디를 하여 상대를 제압해 버렸다. 결국 17홀에서 2개의 Up으로 이겨버렸다. 미칠 듯이 기뻤다. 골프의 매력은 이것이다. 누구도 예측할 수 없다. 인생도 그렇지 않은가. 우리 마음대로 되지 않는다. 그러니 절대로 절망할 일도, 절대로 기뻐할 일도 없는 것이다. 내 친구는 나에게 다음 책으로는 『골프는 15홀부터』라는 책을 내라고 했다. 하하.

내기했던 대로 우리는 맛있는 샤부샤부 집에서 밥을 먹었다. 온종일 떨면서 골프 친 보람도 있고 밥맛도 있었다. 식사하고 모임을 마치면서 오늘 처음

본 A와 작별 인사를 하려던 순간, 모자에 '배재'라는 한자가 쓰여 있는 게 보였다. 배재중·고등학교는 예전에 내가 한국에서 살 때 내가 살던 동네에 있던 터라 거기 출신인지 물어봤다. 자기는 배재중학교, 한영고등학교 출신이란다. 한영고? 내가 한영고 출신인데. 그리고 그 친구가 74년생이라고 해서 한 학년 후배인 줄 알았더니 빠른 74란다. 그럼 나랑 동갑? 그는 나와 한영고 동기였다. 그 친구는 문과이고 나는 이과였는데, 그 시절에는 15개의 반이 있어서 전교생을 다 알기는 어려웠다. 하지만 얼굴은 본 것 같았다. 미국에서 한영고 출신, 그것도 동기를 만나다니(한영고는 그리 명문이 아니라 동문이 많이 없다. 특히 미국에서는 처음 봤다). 그것도 미국에서 말이다. 그 친구는 나랑 친한 K와 친한 사이로 K와 나랑도 10년 이상 안 사이였다. 이런 일도 있구나.

  어제, 오늘 참 희한한 일을 두 번이나 겪었다. 이런 일을 이틀 연속으로 겪게 될 확률은 얼마나 될까? 멕시코 공항에서 핸드폰을 잃어버렸다가 친절

한 멕시칸들 덕에 핸드폰을 다시 찾을 확률, 미국에서 내 친구와 내 고교 시절 동기가 친구이고 오늘 함께 골프를 치다가 미국에서 만날 확률. 삶은 이런 재미다. 내일을 알 수 없고, 생각지도 않은 일들이 생긴다. 기쁜 일이든, 나쁜 일이든 우리는 이런 맛으로 사는 게 아닐까. 우리의 인생을 너무 계획적으로 쪼면서 살지 말자. 나는 앞으로 남은 인생은 이렇게 살기로 했다. 매 순간 두근거리는 마음으로, 오늘은 또 어떤 만남과 일들이 있을까 설레면서….